Charaktertanz

Jürgen Pagels

CHARAKTERTANZ

Grundlagen und Methodik

Heinrichshofen's Verlag
Wilhelmshaven

CIP-Kurztitelaufnahme der Deutschen Bibliothek

Pagels, Jürgen:
Charaktertanz : Grundlagen u. Methodik / Jürgen Pagels. – Wilhelmshaven : Heinrichshofen, 1985.

ISBN 3-7959-0363-7

Satz und Reproduktion: Der Satz-Partner, Wiefelstede-Metjendorf
Notenstich und Druck: Heinrichshofen's Druck, Wilhelmshaven
Zeichnungen: Klaus Stiedenrod, Wiefelstede
Buchbinderische Verarbeitung: Neue Stalling GmbH, Oldenburg
Printed in Germany
ISBN 3-7959-0363-7

INHALTSVERZEICHNIS

EINFÜHRUNG

Die in vielen Jahren gewonnenen Erfahrungen als Berufstänzer und Pädagoge in Europa, USA, Süd- und Mittelamerika und Afrika haben mich zu der Erkenntnis geführt, daß für den Unterricht im Charaktertanz Richtlinien geschaffen werden müssen. Aufgabe und Ziel dieses Buches ist es, dem Lehrmeister, Tänzer und Schüler aller Tanzrichtungen die Wichtigkeit und das Wissen um diese Tanzform zu verdeutlichen und näher zu bringen. Ich möchte dabei betonen, daß das dargebotene Material vor allem als Grundlage anzusehen ist. Eine umfassende Analyse der oft sehr schwer zu erlernenden technischen Eigenschaften der Schritte, ebenso wie die Beschreibung der historischen Hintergründe würden dieses Buch zu umfangreich werden lassen. Daher habe ich mich auf die Technik des täglichen Unterrichts und auf den Bühnentanz im Hinblick auf Darsteller und Zuschauer beschränkt. Ohne Erfahrung und Schulung der heute bekannten, verschiedenen Systeme der Tanznotation, (Benesch, Laban, usw.) ist es nicht einfach, dem Leser diese Schritte zu beschreiben. Soweit es möglich ist, habe ich mich daher auf die Arm-, Bein- und Körperpositionen des klassischen Balletts berufen; jedoch sollten diese Positionen nicht allzu streng interpretiert werden. Einige Schritte haben bekannte Namen, während andere aus überlieferten Quellen stammen. Klassische Ballettausdrücke sind in dem für dieses Buch ausreichenden Maße in dem Verzeichnis der Fachwörter ab Seite 265 aufgeführt. Weitere Informationen liefert Gail Grant »Technical Manual and Dictionary of Classical Ballet«, erschienen bei Dover Publishers, Inc., 180 Varick Street, New York, N.Y. 10014; und Kurt Petermann, »Ballett-Lexikon«, erschienen im Heinrichshofen's Verlag, Wilhelmshaven. Schallplattenmusik für die Übungen an der Stange ist bei Tuffy's, 701 Beta Drive, Cleveland, Ohio 44143/USA, erhältlich.
Die Tänze Mazurka, Csárdás und Brauttanz stammen aus dem Ballett »Coppelia« von Leo Délibes. Am besten eignet sich dafür als Übungsmaterial die vollständige Aufnahme mit dem Orchester Suisse Romande und dem Dirigenten E. Ansermet.
Die Musik der Tarantella ist aus dem Ballett »Der Zauberladen« (La Boutique Fantasque) von Rossini/Respighi entnommen und leicht auf dem Schallplattenmarkt zu erhalten. Der Polka diente als Vorlage die Oper »Die verkaufte Braut« von Bedřich (Friedrich) Smétana.

Die Vorlage für den Trepak stammt aus dem Ballett »Der Nußknacker« von P. Tschaikowsky. Von diesem Ballett existieren im Handel viele Schallplattenaufnahmen, darunter auch solche, die das Ballett als gekürzte Suite präsentieren und auch den Trepak enthalten. Die in diesem Buch verkleinert abgedruckten beispielhaften Kompositionen sind als Notenausgabe unter dem Titel »Charaktertanz, Klavierausgabe« (Editionsnummer: 1383) im gleichen Verlag erschienen.

DANKSAGUNG

In Dankbarkeit widme ich dieses Buch meinen ehemaligen Lehrern ohne deren Kenntnisse ich diese besonderen Tanzformen nicht hätte erlernen können und die es mir damit ermöglicht haben, meine Erfahrungen weiterzureichen in Wahrung der Tradition echter Tanzpädagogen vergangener Zeiten. Mein Dank gilt Jo Mensebach, der einstigen Ballettmeisterin des Lübecker Stadttheaters; Valentine Prorvitch, dem ehemaligen Mitglied des Bolschoi Theaters, Moskau; Oscar Harmos, seinerzeit Choreograph des Jugoslawischen National Balletts und Eizens Lescevskis, dem bereits verstorbenen Ballettmeister des Rigaer National Balletts.
Mein Dank gilt auch Dean William Christ und der Indiana University für ihre vielfältige Hilfe, Colin Russell und Sandra Kowadla für die Anfertigung von Zeichnungen, Beverly Price und vor allem Laurel Lampton, die sich für die Tanzfotos als Modell zur Verfügung gestellt hat.

WAS IST CHARAKTERTANZ?

Ursprünglich der Folklore entstammend ist der Charaktertanz in der Folge allerdings verfeinert und bereichert und damit dem Gebrauch auf der Bühne angepaßt worden. Deshalb spielt der Charaktertanz eine sehr wichtige Rolle in der Produktion vieler traditioneller, klassischer Ballette. Man denke zum Beispiel an »Schwanensee« mit neapolitanischen, spanischen, polnischen, ungarischen und russischen Tänzen, »Dornröschen« mit einer Polonaise und »Coppelia« mit Csárdás und Mazurka usw.

Wie schon das Wort Charakter ausdrückt, handelt es sich um die Darstellung gewisser individueller Charaktere; z.B. wie sich der Körper bewegt, wie Kopf und Arme gehalten werden. Der Körper demonstriert einen Charakter, beispielsweise das Bild eines alten, komischen, geizigen oder exzentrischen Mannes oder vielleicht den einer robusten, humorvollen oder verführerischen Frau. Diese Betrachtungsweise des Charakters wird hier im breiten, erweiterten Sinn benutzt und ist auf die nationalen Attribute verschiedener Völker ausgerichtet. Um authentisch zu sein, wird es notwendig, zu analysieren und zu studieren, um die verschiedenen Charakteristika einzelner Schritte und Tänze der Nationen genau zu verstehen und exakt auszuführen. Nur allzuoft werden die sicherlich sehr unterschiedlichen Schritte zu einem »Cocktail der Bewegung« gemixt und bekommen dann frei nach Wahl des mangelhaft geschulten Lehrers oder Choreographen, zum Beispiel das Etikett »Russisch«.

Der Choreograph muß die Originalität des Tanzes im Gedächtnis haben, andernfalls ist es ihm nicht möglich, die Echtheit eines Nationaltanzes auszudrücken und zu erarbeiten. Ohne Zweifel steht fest, daß der Volkstanz und Gesellschaftstanz und deren Technik großen Einfluß auf den Bühnentanz hatten. Gewisse Formen, Formationen und Schritte haben sich dort durchgesetzt und bis heute behauptet, wie z.B. Polka, Galopp, Mazurka und Walzer, Two-Step, Hüpfer, Hopser und Polonaise; alle diese Tänze stellen ein Bindeglied zwischen Volkstanz, National- und Charaktertanz dar. Man denke an den »Pas de Basque« aus der Region westlich der Pyrenäen an der spanisch-französischen Grenze, dem Lande der Basken – dieser Schritt wird auch in vielen anderen Ländern ausgeführt, wenn auch unter anderem Namen und in einer

abweichenden Bewegung; sei es in der Bewegung der Beine: seitlich hoch und herunter, wie sich die Arme bewegen oder gehalten werden, wie sich der Kopf neigt und dreht. Das gleiche kann von vielen anderen Schritten gesagt werden; vom Hüpfer und Hopser, den Ballonnés und Ballottés der italienischen Tarantella bis hin zum klassischen Chassé der Ballett-Technik. Die Ziehharmonika-Bewegung der russischen »Garmoschka« zeigt sich z.B. wieder im »Big Apple« des Jazz-Gesellschaftstanzes der 20er Jahre in den USA. Der Hackenschlag-»Bokazo« aus Ungarn tritt im Charleston des Jazz Balletts wieder auf.
Ein Rückblick in die Geschichte des Tanzes zeigt zahlreiche Beweise und Beispiele für die Anwendung des Charaktertanzes entweder als spezielle Kunstform oder umgeformt zu klassischer Ballettechnik.
Bournonville benutzte den neapolitanischen Tanz in seinen Choreographien, Fanny Elsler wurde durch ihre spanische »Cacchucha« und den polnischen »Krakowiak« berühmt. Der Versuch des russischen Tänzers Bekeffi, der den Nationaltanz erstmals 1880 auf der russischen Ballettbühne vorstellte, war von Erfolg gekrönt. Viele große klassische Ballette dieser Periode und auch in der Folgezeit enthielten den Charaktertanz zu ihrem Vorteil.
Schon seit etwa 1920 werden in Russland die Ballettschüler täglich im Charaktertanz geschult, basierend auf der Unterrichtsmethode von Alexander Shiryaev. Die großen und bekannten Tanzakademien Europas sind seitdem diesem Weg gefolgt und deshalb findet man den Charaktertanz heute auf dem wöchentlichen Unterrichtsplan.
Der große Einfluß auf die Entwicklung und Einschätzung des Charaktertanzes in der westlichen Welt ist wohl dem russischen Ballett zuzuschreiben. Diaghilev kam mit dem »Ballet Russe« und dominierte in der westlichen Ballettszene von 1909 bis 1929. Anfänglich hatte er »nur« russische Malerei und Oper präsentiert, aber durch die Aufführung der »Polowitzer Tänze« in der Oper »Fürst Igor« wurde das Pariser Publikum so beeindruckt, daß es alsbald das Auftreten einer russischen Balletttruppe verlangte.
Michail Fokin, der große Tänzer und Choreograph des klassischen Balletts verwendete in seinen Choreographien z.B. die englischen »Morristänze« und die polnische Mazurka. Leonid Massine folgte mit spanischen Tänzen und Wiener Walzer sowie mit Polkas und dem Can-Can. David Lichine und Georg Balanchine verwendeten Charaktertänze in ihren Schöpfungen. Eine Vielzahl von Balletten, Opern, Operetten und Musicals bedienen sich des Charakter-

Nationaltanzes, z.B. »Nußknacker«, »Dreispitz«, »Schwanensee«, »Dornröschen«, »Rodeo«, »Carmen«, »Aida«, »Die verkaufte Braut«, »Die Fledermaus«, »Der Zigeunerbaron«, »Oklahoma«, »West Side Story«, »Anatevka« und viele andere mehr.
Leider wird der National-Charaktertanz heute nur noch im modernen Ballettschaffen verwendet. Volks- und Charaktertanz sind lediglich speziellen Gruppen überlassen, die meist nur einzelne Tänze präsentieren und den Charaktertanz als nicht als Mittel zum Zweck ihrer Interpretationen gebrauchen. Die zeitgenössische Bühne lebt von moderner Ballettechnik und es scheint manchmal, als sei die Zeit des Handlungsballetts vorüber, zumindest in der westlichen Ballettwelt.
Die natürlich ausgedrückte Freude am Tanz, durch den Tanz, scheint vergessen zu sein. Bei näherer Betrachtung ist aber doch zu bemerken, daß der Charaktertanz auch in vielen der modernen Ballettschöpfungen wieder auftaucht, wenn er auch bedauerlicherweise, lediglich als Mittel zum Zweck und nicht um seiner Selbst willen Verwendung findet und damit seiner Originalität und seinem ursprünglichen Wesen nicht gerecht wird.
Die Notwendigkeit einer Wiederbelebung dieser besonderen Tanzform ist deshalb außerordentlich wichtig, weil sie doch einen so wesentlichen Anteil an allen Tanzaufführungen hat.
Es ist sehr bedauerlich, daß in manchen Teilen der Welt National- und Charaktertanzgruppen mit Erfolg ihre große Bedeutung und Tradition erhalten und weiterentwickeln zu einer neuen Bereicherung ihres kulturellen Erbes, während in den USA und teilweise in Westeuropa dieses Feld vollkommen vernachlässigt wird.
Der Tanz ist eine lebendige Kunst und eine wesentliche Grundvoraussetzung für seine Entwicklung und Fortleben ist die ständige Weitergabe aller seiner Formen vom Meister zum Schüler, ähnlich wie dies in der Vergangenheit auf dem Lande oder an den Fürstenhöfen geschehen ist. Akademien und Ballettschulen müssen es deshalb als ihre vornehmste Pflicht ansehen, daß diese so wichtige Kette der Weitergabe und Entwicklung nicht abreißt und daß die Kunst des National-Charaktertanzes auch der Nachwelt erhalten bleibt und nicht etwa durch Vernachlässigung zum Absterben verurteilt wird.

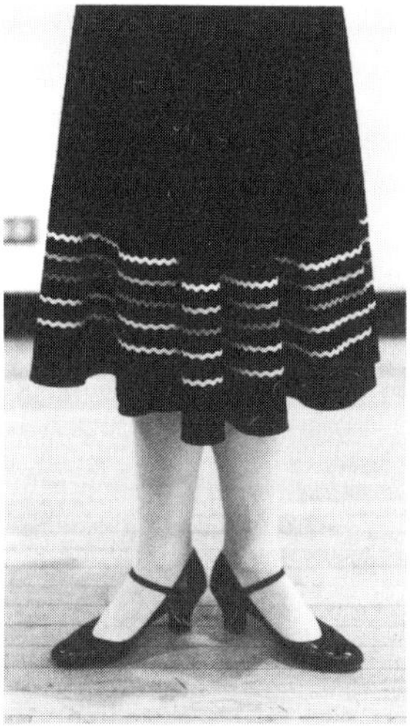

1. Position

2. Position

3.+5. Position

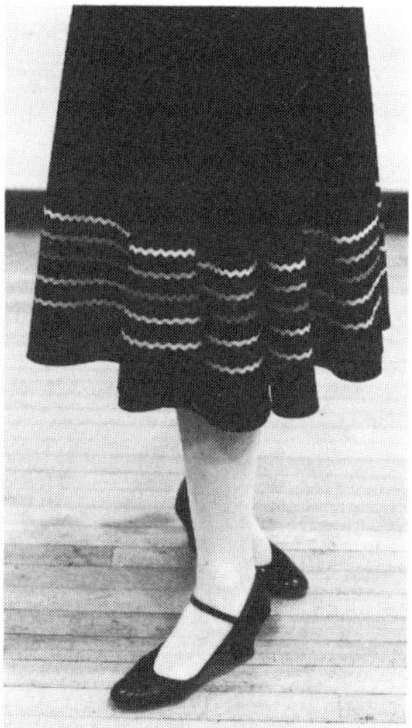

4. Position
(normal)

4. Position
(offen)

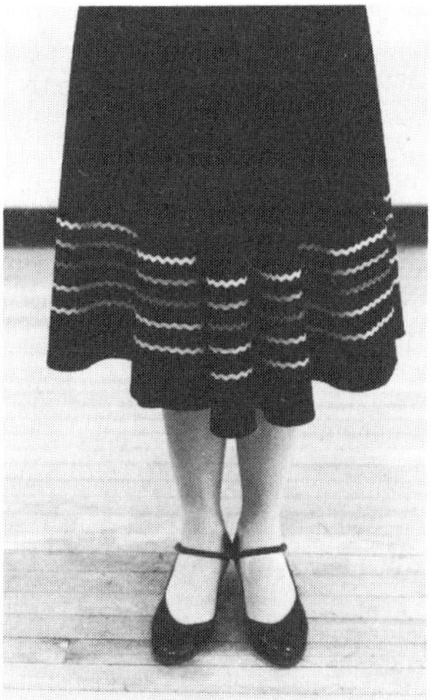

6. Position

à la seconde

en haut

en bas

en avant

Hilfsposition

Teil I
Die Übungen

DER UNTERRICHT IM CHARAKTER- UND NATIONALTANZ

Die Entwicklung des Charaktertanzes reicht weit zurück in die eigentliche Geschichte des Tanzes und ist mitbestimmend für den heutigen Bühnentanz. Über den Zeitraum vieler Generationen sind die verschiedenen Formen und Tänze des Nationaltanzes uns bis heute überliefert worden, und zwar vom Meister zum Schüler, und deshalb ist heute mehr denn je wichtig, diese Entwicklung nicht zu unterbrechen; sie muß weitergeführt werden um damit auch in Zukunft als altes Kulturbrauchtum zu erhalten. Es muß dafür gesorgt werden, daß der Charakter-Nationaltanz weiterhin an den Akademien des Tanzes gelehrt wird, genau wie es auch gegenwärtig von dem Direktor des Amerikanischen Theater Balletts, Michael Barishnikof, im verstärkten Maße an seiner Schule gefördert wird.
Ein Großteil der heute ausgebildeten Tänzer hat eine nur sehr schwache Kenntnis vom Charaktertanz und ist sich der Wichtigkeit dieses tänzerischen Ausbildungszweiges nicht bewußt; hinzu kommt, daß auch nicht genügend Pädagogen und Schulen zur Verfügung stehen. Eine oder zwei Stunden in der Arbeitswoche des Tänzers sollten dem Charaktertanz gewidmet werden. Es könnte ein willkommener Abschluß der Trainingswoche sein, eine Stunde der Fröhlichkeit trotz harter Arbeit, denn die Technik des Charaktertanzes ist keineswegs leicht zu erlernen, aber Lehrer und Schüler stimulieren sich hier gegenseitig, und die Freude an der Bewegung in dieser Form wirkt ansteckend und faszinierend.
Ein im klassischen Tanz ausgebildeter Schüler lernt natürlich diesen Ausbildungszweig wesentlich schneller, dann letztlich ist der klassische Tanz und das klassische Training das Fundament für den Bühnentanz, aber nicht jeder Schüler oder Tänzer ist schon allein in physikalischer Hinsicht für den klassischen Tanz predestiniert. Hier bietet die Ausbildung zum Charaktertänzer den willkommenen Ausweg.
Um eine brillante Technik zu erlangen, wird besonders Kraft und Ausdauer erforderlich sein. Energie und Vitalität und vor allem die Freude am Tanz sind

beste Voraussetzungen. Der Ausdruck ist in dieser Tanzform ebenfalls von besonders großer Bedeutung, und ein Charaktertänzer oder eine Tänzerin sind ohne Ausdrucksstärke undenkbar.
Das klassische Ballett hat eine große Zahl hervorragender Tänzer hervorgebracht, überragend in der Technik, aber oftmals ohne jeden Ausdruck. Technik allein ist noch lange kein Tanz und das Training im Charaktertanz kann hier auch für den klassischen Tänzer eine wichtige Brücke zur Schulung in Ausdruck und Darstellung bilden. Musik und Bewegungsform können die Entwicklung eines persönlichen Stils für größere Empfindsamkeit und Begeisterung anregen und fördern. Unter der Leitung eines guten Pädagogen kann der Tänzer einmal »richtig loslegen«. Der Charaktertanz wird bei der Überbrükkung von Technik zu Stil und Form sehr nützlich sein.
Wie auch im klassischen Tanz beginnt die Unterrichtsstunde mit einer Serie von Übungen an der Stange, denn natürlich müssen auch im Charaktertanz Körper, Arme und Beine gut erwärmt, das Blut in erhöhte Zirkulation gebracht und die Muskulatur vorbereitet werden. Die Übungen haben die Aufgabe, eine korrekte Stellung, Kontrolle von Muskeln und Gelenken zu ermöglichen und eine solide Grundlage für die weitere Arbeit in der Mitte des Raumes, ohne Stange, sicherzustellen. Bei allem sollte nicht vergessen werden, daß diese Übungen an der Stange nicht nur dem eben genannten Zweck dienen, sondern auch für eine technische Vollkommenheit und Weiterbildung sorgen.
Vom Beginn des Unterrichts an korrekt und gut eintrainiert, lassen sich dadurch viele Verletzungen und damit Ausfall vermeiden. Die Übungen müssen gut durchdacht sein und können nicht willkürlich durchgeführt werden. Die gesamte Unterrichtsstunde umfaßt 60 Minuten.
Anlaß zur Besorgnis ist nun immer wieder die Entwicklung der Waden und der Oberschenkelmuskulatur. Physiotherapeuten, die sich ausführlich mit der Physik des Tanzes befaßt haben, stellen heute fest, daß die übermäßige Entwicklung der Beine meist das Resultat einer falschen Grundausbildung im Tanz über eine Zeitspanne hinweg ist. Ein wesentlicher Teil der Muskelentwicklung aber ist auch individuell und häufig vererbungsbedingt. Einige Tänzer bleiben schlank, unabhängig davon wie sie sich ernähren, während andere sehr schnell zunehmen. Um die richtige Entwicklung des Beines zu bewirken, sollte die Muskulatur möglichst in beiden Richtungen benutzt werden, d.h. daß nach einer Kontraktion der Muskeln eine Streckung erfolgen muß. Diese Zusam-

menziehung und Streckung muß wohl abgewogen sein. Hinzugefügt sei, daß zwischen der Bewegung des einen oder anderen Beines das Gewicht des Körpers für einen Augenblick immer auf beiden Beinen ruhen sollte, so daß die Muskulatur sich kurzfristig entspannen kann. Der Lehrer muß zwischen den Übungen für den Mann und die Frau unterscheiden, so sollen z.B. die »Tiefschritte« in der Kniebeuge niemals von Frauen ausgeführt werden.
Die Stangen sind an den Wänden des Ballettsaales angebracht und sollten in der Höhe des Ellbogens, mit etwa 11 cm Abstand von der Wand gut befestigt sein.
Kleidung: Richtige Bekleidung ist bekanntlich wichtig. Der Lehrer muß die Möglichkeit haben, die Bewegungen des Körpers, der Arme, Hände, Beine und der Füße bis ins Detail zu beobachten. Er muß die Linie des Körpers ununterbrochen verfolgen und die Stellung korrigieren können. Auch soll sich der Schüler bei allen Übungen frei bewegen können und dabei warm bleiben. Für den Mann empfiehlt sich ein schwarzes Beintrikot aus Wolle oder Nylon und darüber vielleicht noch ein extra Wollbeintrikot in Strumpfform. Natürlich ist auch ein Suspensorium oder Tanzgürtel von Bedeutung, nicht nur um dem Unterleib genügend Halt zu verleihen, sondern auch zum Schutz und aus ästhetischen Gründen. Ein »T-shirt« mit kurzen Ärmeln ist für den Oberkörper angebracht, nicht aber ein Unterhemd ohne Ärmel oder gar nur ein freier Oberkörper. Das Hemd dient dazu, den Oberkörper warm zu halten und den Körperschweiß zu absorbieren. Die Schuhe für den männlichen Tänzer verlangen besondere Aufmerksamkeit. Es sind Charakterstiefel oder Halbschuhe mit Schnürverschluß und 2–3 cm hohen Hacken. Die Schuhe müssen gut sitzen, und die Sohlen dürfen nicht dick sein. Die Schaftlänge der Charakterstiefel geht bis zur mittleren Wade oder kurz unter das Knie. Straßenstiefel oder -schuhe gehören nicht in den Ballettsaal, sie sitzen nicht gut genug und haben nicht die erforderliche Flexibilität, darüber hinaus beschädigen sie auch den Boden des Studios.
Für die weibliche Tänzerin wird ein rosafarbenes Beintrikot aus Wolle oder Nylon bevorzugt. Dazu wieder kommen wollene Beinwärmer in gleicher Farbe. Mieder und Tanzgürtel aus dehnbarem Material sorgen für eine weitere Unterstützung der Muskulatur des Unterkörpers. Dieses Mieder wird von Tänzerinnen oft vernachlässigt oder gar gemieden, aber seine Wichtigkeit kann gar nicht oft genug hervorgehoben werden. Es macht die Muskulatur nicht schlapp, sondern unterstützt und erhält sie und verhindert sehr oft das Über-

strecken der oberen Hautschichten und das Entstehen einer schwammartigen Oberfläche, der Zellulitis. Für den Oberkörper reichen ein gut sitzender Büstenhalter und eine Bluse oder ein Körpertrikot aus. Natürlich muß ein Rock getragen werden, und er sollte im ganzen Knielänge aufweisen.
Die Haartracht und Frisur ist für alle wichtig. Die Haare dürfen weder die Sicht der Tänzerin hindern, noch das Gesicht verdecken oder dem Partner gar ins Gesicht geschleudert werden, was schon bei der ersten Drehung zu Augenverletzungen führen könnte. Das Haar des Tänzers sollte unter gleichartigen Gesichtspunkten behandelt werden. Die Haare können mit einem Kopftuch, »Babushka« gehalten werden oder mit einem Band über der Stirn, möglichst wenig durch Haarnadeln gehalten, die sich im Ballettsaal leicht zum »Geschoß« entwickeln. Bei langem Haar ist ein Knoten zu empfehlen.

RAUMAUFTEILUNG

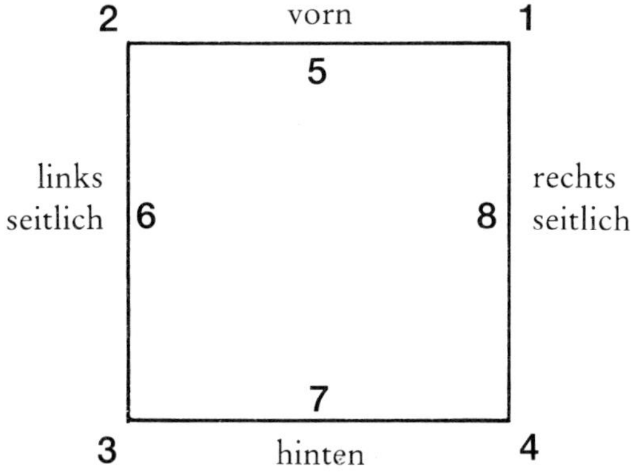

Musikalische Aufteilung der Takte

Ein Beispiel:

2/4		*Taktbezeichnung*
2 Takte		*Taktanzahl*
und		*Auftakt*
1. Takt		*Taktangabe*
	1	
(1)	und	*ausgezählter Takt*
	2	*(hinter dem senkrechten Strich)*
	und	
(2)		*die laufende Taktzahl ist immer in Klammern gestellt und steht bei ausgezählten Takten vor dem senkrechten Strich.*

ÜBUNGEN AN DER STANGE

Empfohlen wird Notenmaterial verschiedener Verlage oder auch einschlägiges Schallplattenmaterial.
Alle Stangenübungen sollten eine musikalische Einleitung haben.

-1- Grand Pliés 2/4-Takt

8 Takte Einleit. Akk.	Stehe in 2. Position. Die rechte Hand hält die Ballettstange, der linke Arm wird von en bas über en avant nach à la seconde geführt und endet dann mit einem umgekehrten port de bras der Hand an der Hüfte, die Finger vorne, der Daumen nach hinten (Abb. 6).	
Takte und 2 (1 und 2)	Langsames grand plié in 2. Position	Linker Arm geht nach à la seconde und en haut(Abb. 7), hinüber zur Stangenseite und
2 (3 und 4)	Vom grand plié aufstehen ein schnel-	en bas nach à la seconde,
1 (5)	les grand plié	linker Arm geht nach
1 (6)	aus dem grand plié aufstehen.	en bas, linker Arm über en bas nach en avant und dann nach à la seconde (Abb. 8 und 9).
1 (7)	Hebe beide Fersen vom Boden und schlage zweimal à terre schnell an (Abb. 10 und 11).	Umgekehrtes port de bras zurück zur Position in der Hüfte,
1 (8)	Strecke beide Knie.	Ellbogen nach vorn.

Wiederhole die Übung in 2. Position, danach zweimal in der ersten, vierten und fünften Position devant und derrière.

6

7

8

9

10

11

-2- Battements tendu 2/4-Takt

Die Ausgangsstellung der Arme ist die gleiche wie oben.

4 Takte und	Stehe in 3. Position mit dem linken Fuß vorn.	
1 (1)	Bringe das linke Bein zur 4. Position en face und point tendu	Ausgangs-Armposition wird während der Übung beibehalten.
1 (2)	Hebe die Zehenspitzen vom Boden so, daß nur die Fersen den Boden berühren (Abb. 12). Das Standbein senkt sich in demi-plié.	
1 (3)	Bringe die Zehenspitzen zur point tendu Position zurück und strecke das Standbein.	
1 (4)	Schließe linkes Bein in 3. Position demi plié. Wiederhole die Bewegung des Beines in à la seconde, en arrière und wieder in à la seconde, danach wiederhole die Übung mit demi-plié auf dem Standbein und das Spielbein zur 4. Position en avant nur mit der Ferse am Boden. Fortsetzung nun weiter wie vorher en croix.	

12

-3- 2/4-Takt

8 Takte	Stehe auf dem rechten Bein, linkes in sur le cou-de-pied devant. Vorbereitung der Arme wie vorher.	
und	Demi-plié auf dem rechten Standbein, hebe die rechte Ferse vom Boden	Ausgangs-Armposition wird während der Übung beibehalten.
1 (1)	Bringe das linke Bein in sur le cou-de-pied hinter das rechte, während die rechte Ferse einmal am Boden anschlägt.	Die Schultern leicht im épaulement.
1 (2)	Wiederhole das gleiche, während das linke Bein sur le cou-de-pied devant gebracht wird (Abb. 13).	
(6 Takte)	Wiederhole dreimal und setze dann fort mit:	
1 (1)	Hebe die rechte Ferse vom Boden und das linke Bein à la seconde mit nur der Ferse am Boden,	
1 (2)	ein Anschlag mit der rechten Ferse,	
1 (3)	bringe das linke Bein hinter das rechte in coupé Position, nur die Zehenspitzen am Boden während die rechte Ferse vom Boden angehoben wird,	

13

1 (4)	ein Anschlag mit der rechten Ferse;
1 (5)	öffne das linke Bein wieder zu à la seconde, nur die Ferse am Boden aufgesetzt; während die rechte wieder angehoben wird,
1 (6)	ein Anschlag mit der rechten Ferse,
1 (7)	bringe das linke Bein in coupé Position vor das rechte Bein, nur die Zehen am Boden, während die rechte Ferse gehoben wird.
1 (8)	Ein Anschlag mit der rechten Ferse, danach:
8	Die gleiche Bewegung wie zuvor, aber dieses Mal en croix mit doppelt schneller Beinbewegung.
8	Wiederhole das Ganze nach Wunsch.

-4- 3/4-Takt

2 Takte	Stehe in 3. Position, rechtes Bein vorn, linkes sur le cou-de-pied hinten. Die Vorbereitung der Arme ist die gleiche wie vorher.

14

15

16

16 Takte (Abb. 14, 15, 16)

	1.Takt	Das linke Bein wird zur 4. Position en avant in rond de jambe gebracht,	Der linke Arm ist ebenfalls über seconde zu en avant gebracht: der Handrücken führt die Bewegung an.
	und	(demi), lediglich die Fußspitzen berühren den Boden, währenddessen:	
	1	wird die rechte Ferse angehoben und	
(1)		dann wieder aufgesetzt,	
	2	setze die linke Ferse in 4. Position auf den Boden und hebe dann die rechte Ferse wieder;	
	3	setze die rechte Ferse auf den Boden und hebe die linke Ferse wieder.	
	2.Takt	Das linke Bein geht in demi rond de jambe über à la seconde zur 4. Position an arrière, setze nur die Zehen-	Der linke Arm geht in einer ausholenden Bewegung mit angehobenem Ellbogen über à la seconde nach en arrière. Die Hand wird mit der Innenseite in den Nacken gelegt. Der Kopf wird zur rechten Schulter geneigt.
	und	spitzen am Boden auf. Während der gleichen Zeit wird die Ferse des Standbeines angehoben.	
(2)			
	1	Setze die rechte Ferse am Boden auf.	

2 Setze die linke Ferse am Boden auf, während sich die rechte Ferse anhebt.

3 Setze die rechte Ferse am Boden auf, während die linke wieder gehoben wird.
Wiederhole die Übung mehrmals.

-5- 3/4-Takt

Stehe mit geschlossenen Füßen in der 6. Position.

17

Einleit. Akk.	Vorbereitung der Arme wie zuvor.	
8 Takte		
1 (1)	»Flic« mit dem linken Bein und ausgedrehtem Knie hinter das rechte.	Bringe den linken Arm mit geöffneter Hand über demi en avant zu à la seconde.
2	Drehe das linke Knie nun einwärts und »flic« en dedans vor dem rechten Bein in croisé devant.	Der linke Arm geht zu en avant, der Handrücken führt die Bewegung an und endet en bas.

1 (2)	Mit links développé en avant während die linke Ferse einmal am Boden anschlägt (Abb. 17).	Die Arme öffnen sich über en avant, en haut zu à la seconde.
	Halte die Position der Beine.	
2 (3–4)	Führe das gleiche nach à la seconde aus.	
	Halte die Position der Beine.	
1 (5)	»Flic« mit einwärts gedrehtem Knie croisé devant vom rechten Bein.	Arm geht en avant und en bas mit führendem Handrücken.
	»Flic« mit auswärts gedrehtem Knie en arrière vom Standbein.	Der Arm bewegt sich mit offener Hand zu demi à la seconde.
1 (6)	Battement développé en arrière mit dem Spielbein. Standbein schlägt mit der Ferse am Boden auf.	Der Arm ist nach rückwärts in Linie mit dem Bein ausgestreckt, Handrücken oben.
2 (7, 8)	Halte die Beinposition.	
	Wiederhole das gleiche nach à la seconde.	Arme wie zuvor
8 Takte	Wiederhole die Übung mindestens zweimal en croix.	

-6- 4/4-Takt

Stehe in 3. Position, linkes Bein vorn.

Einleit.	Vorbereitung der Arme wie zuvor.	
Akk. 4 Takte und	Grand battement mit links zu à la seconde (Abb. 18).	Linker Arm bewegt sich zu en bas und dann en haut.
(1) | 1	Linkes Bein zur 2. Position am Boden, Fuß ausgedreht (Abb. 19).	Linker Arm à la seconde, Handfläche offen.

18

19

20

21

2	Hebe die Spitze des linken Fußes und drehe den Fuß auf der linken Ferse so, daß die Zehenspitzen einwärts gedreht sind (Abb. 20);	Drehe die Handfläche einwärts, dabei langsam nach en avant kommend.
3	hebe die Ferse des linken Fußes und drehe den Fuß auf der Fußspitze so, daß die Ferse sich dem Standbein nähert (Abb. 21);	Drehe den Arm so, daß die Handfläche offen ist und weiter nach en avant kommt.
	hebe die Fußspitze und drehe auf der Ferse so, daß die Zehen parallel zum Standbein kommen;	Drehe den Arm so, daß die Innenseite der Hand nach unten zeigt.
4	stampfe mit dem linken Fuß in 3. Position auf.	Öffne den Arm demi en avant mit offener Hand.

(2, 3, 4)		Halte die obige Position. Wiederhole mindestens noch dreimal. Nun wiederhole noch einmal alles in umgekehrter Reihenfolge viermal.	
und			
1.Takt	1	Grand battement à la seconde und bringe das Bein zurück in die 3. Position, aber nur mit den Zehenspitzen den Boden berührend und en avant vom rechten Bein.	Linker Arm geht über en bas nach à la seconde, en haut und wieder zurück zu en bas, die Handfläche nach unten.
(1)	2	Drehe die Ferse des Spielbeines auswärts; setze die Ferse am Boden auf,	Arm bleibt in gleicher Position, Kopf nach rechts geneigt zur Schulter; der Arm bewegt sich langsam mit offener Hand à la seconde.
	3	die Zehen hoch und auswärts gedreht;	
		Setze die Fußspitze auf und hebe die Ferse vom Boden;	Arm nach à la seconde, Handfläche nach unten gedreht.
	4	Aufstampfen in 2. Position.	Öffne die Hand in à la seconde.
		Halte die Position.	

-7- 2/4-Takt

Stehe in 6.. Position.

Einleit. Akk.	Körper zur Stange gewendet. Demi plié auf beiden Beinen.	Beide Hände leicht auf die Stange gelegt.
16 Takte		
1 (1)	Drehe den Körper leicht nach links, während die Fersen von beiden Füßen	

22

23

angehoben sind (Abb. 22). Drehe beide Fersen nach rechts, die Knie bleiben fest zusammen; setze beide Fersen am Boden auf, hebe die Fußspitzen und drehe sie seitlich (Abb. 23), setze die Fußspitzen auf, während der Körper sich leicht zur rechten Seite dreht.

1 (2) Wiederhole.

1 (3) Wiederhole.

1 (4) Stampfe dreimal in 6. Position auf, mit links anfangen.

4 Wiederhole alles zur anderen Seite und
8 dann wiederhole alles noch einmal.

-8- 2/4-Takt

16 Takte Stehe in 1. Position. — Beide Hände liegen leicht auf der Stange.

1 (1) Demi-plié auf beiden Beinen: Hebe gleichzeitig die linke Fußspitze und die rechte Ferse und drehe sie so, daß beide Zehenspitzen sich treffen (Abb. 24 und 25); hebe nun die

24

25

linke Ferse und die rechte Zehenspitze und drehe beide so, daß die Fersen sich treffen;

1 (1) wiederhole das obige;

1 (3) wiederhole das obige;

1 (4) stampfe mit rechts, links und dann rechts wieder in 6. Position auf.

4 (5–8)
8 (9–16) Wiederhole das ganze zur anderen Seite und wiederhole dann alles noch einmal.

-9- 2/4-Takt

Einleit. Akk. 2 Takte	Stehe mit dem Gesicht zur Stange in 3. Position, linker Fuß vorn, demi-plié.	Hände ruhen leicht auf der Stange
(1) 1 und	Battement développé, nach à la seconde mit dem linken Bein, während auf dem rechten Bein ein kleiner Anhüpfer gemacht wird. Das linke Bein kommt zur 3. Position zurück in en avant und das rechte Bein ist so angehoben, daß nur die Zehen den Boden berühren (Abb. 26).	Der Körper wird während der ganzen Übung sehr locker gehalten und wiegt sich von den Hüften aufwärts von einer Seite zur anderen.

2	Setze die Ferse des rechten Fußes auf den Boden, während die Ferse des linken Fußes angehoben wird;
und	setze die rechte Ferse ab.
1 (2)	Wiederhole von Anfang an, und beginne mit rechtem Bein. Wiederhole alles mehrmals.

26

27

-10- 2/4-Takt

Einleit. Akk.	Stehe mit Gesicht zur Stange, 6. Position demi-plié.	Beide Hände leicht auf der Stange ruhend.
4 Takte und		
(1) 1	Trete mit dem rechten Fuß, devant, nur die Ferse aufgesetzt;	
und	setze die linke Ferse neben die rechte in die 6. Position (Abb. 27);	
(2) 1	Trete mit rechts auf halbe Spitze en arrière;	
und	bringe den linken Fuß in gleiche Position neben den rechten (Abb. 28);	

28

29

(3)	1	trete mit rechter Ferse in à la seconde nach rechts;
	und	trete mit linker Ferse in à la seconde nach links (Abb. 29);
	1	bringe das rechte Bein in die Ausgangsstellung zurück;
(4)	und	bringe das linke Bein neben das rechte in die 6. Position zurück, leicht angehoben auf halbe Spitze.

Wiederhole die Übung einige Male und auch in doppeltem Tempo.
Führe die Übung in entgegengesetzter Reihenfolge durch, mit dem Schritt auf halber Spitze beginnend.

-11- 2/4-Takt – *Nur für Männer*

»Prissjadka«	Gesicht zur Stange und 1. Position.	Beide Hände auf der Stange
Einleit. Akk. 16 Takte und	1. Position.	
1 (1)	Grand plié, Knie geöffnet, Fersen zusammen, dann Fersen vom Boden leicht angehoben;	

1 (2) schnell aufrichten während beide Beine in die 2. Position gehen. Nur die Fersen berühren den Boden.

14 (3–16) Wiederhole dies mehrmals. Die Übung sollte auch so ausgeführt werden, daß beide Beine en avant und en l'air geworfen werden, während sich der Körper aufrichtet; ebenfalls mit beiden Beinen nach rechts oder links en l'air geworfen.

-12- 2/4-Takt

Einleit.
Akk. Stehe in 2. Position. Rechte Hand auf der Stange, der linke Arm wird von en bas über en avant en haut gebracht.

12 Takte

1 (1) Hebe das linke Bein vom Knie aus so hoch wie möglich in à la seconde (Passé allongé) (Abb. 30).
setze das linke Bein in die 2. Position auf den Boden.

3 (2–4) Wiederhole die gleiche Bewegung dreimal, dann:

1 (5) Wiederhole das gleiche mit demi-plié auf dem Standbein,

30

31

32

strecke das Knie des unterstützenden Beines während das linke Bein wieder zurück in die 2. Position gebracht wird.

3 (6–8) Wiederhole dieses dreimal;
dann:

1 (9) wie vorher, danach

1 (10) bringe das Knie des Spielbeines neben das Knie des Standbeines und mache ein demi-plié auf beiden Beinen (Abb. 31).

Der Körper wird zur zur Stange geneigt während der Kopf sich zum Knie beugt. Der linke Arm geht von en haut herunter und mit dem Unterarm vor den Kopf.

strecke beide Beine in 6. Position, den Körper leicht zur Stange gedreht.

1 (11) Hebe das Spielbein mit abgebogenem Knie in à la seconde, dabei demi-plié auf dem rechten Bein;

Bringe den linken Arm en avant und zurück zur en haut Position.

setze das linke Bein wieder in die 2. Position à terre, auf den Boden, während das Standbein gestreckt wird;

1 (12)

demi-plié auf dem Standbein während das linke Bein in sur le cou-de-pied hinter das rechte Bein gebracht wird, das Knie auswärts gedreht (Abb. 32).
Der Oberkörper wird nach links geöffnet, linke Schulter rückwärts gebeugt, Kopf nach links geneigt.
bringe das Spielbein in die 6. Position zurück und richte den Oberkörper wieder auf.
Wiederhole die ganze Übung.

Der linke Arm bewegt sich in einem Halbkreis nach hinten und wird mit der Hand in den Nacken gelegt.
Der linke Arm geht in die en haut Position zurück.

-13- 4/4-Takt

Einleit. Akk. — Stehe in 3. Position, linkes Bein vorn.

2 Takte — Arm in der gewohnten Ausgangs-Position mit linker Hand an der Hüfte, Finger nach vorn, Daumen zurück.

33

34

und	Grand battement à la seconde mit dem linken Bein;	Der linke Arm bewegt sich in einem Halbkreis über en haut zu à la seconde, Handfläche nach oben; der linke Arm ist in einer Linie mit dem linken Bein nach hinten gestreckt.
1 (1)	halte das linke Bein in à la seconde en l'air und fouetté, so daß der Körper sich halb zur Stange wendet, Gesicht zur Stange (Abb. 33). Während sich der Körper zur Stange wendet, wird das Bein in seiner en l'air Position weiter angehoben.	
	Mache ein grand plié auf dem Standbein (rechts), während das linke Bein, mit eingedrehtem Knie mit dem Spann des Fußes über den Boden schleift und den rechten Fuß im grand plié trifft (beide Knie und Fersen sind zusammen) (Abb. 34).	Der linke Arm folgt der Bewegung des linken Beines mit dem Handrücken führend zum linken Knie und Bein.
1 (2)	Aus dem grand plié schnell aufrichten und das linke Bein zur kleinen à la seconde Position bringen.	Linker Arm in en avant Position. Rechter Arm in à la seconde Position.
	Pirouettes en dedans auf dem linken Bein, das Knie des rechten Beines ist eingedreht.	Schließe die Arme über der Brust.
	Die Drehung wird in kleiner à la seconde Position beendet, danach in 3. Position schließen.	Öffne die Arme à la seconde, Handflächen geöffnet und en avant.
6 Takte	Wiederhole das Ganze mindestens dreimal.	

-14- 3/4-Takt *(Tempo di Mazurka)*

	Stehe in 3. Position, linker Fuß vorn.
Einleit. Akk.	Arme wie zuvor.

35

36

37

38

16 Takte und

1 (1)

Während ein kleiner Hüpfer auf dem rechten Bein gemacht wird, bringe den linken Fuß demi à la seconde, Knie einwärts gedreht, nur die Zehen den Boden berührend, Ferse angehoben (Abb. 35).

Drehe den Körper halbseitigzur Stange, den Kopf nach links gewendet und über die linke Schulter sehen, linker Arm bleibt in der Hüfte.

Ein weiterer kleiner Hüpfer (Sprung) auf rechts – während das linke Bein ausgedreht wird, öffne en effacé devant, Ferse den Boden berührend, Zehen aufwärts (Abb. 36). Ein

Der Körper dreht nach effacé, linke Schulter öffnend, linker Arm à la seconde, öffne die Handfläche.

	weiterer kleiner Hüpfer rechts, während das linke Bein croisé devant von rechts geht, nur die Zehen berühren den Boden (Abb. 37).	
1 (2)2	Fondu développé zu demi-seconde en l'air mit links, das rechte Bein geht auf halbe Spitze. Halte diese Position (Abb. 38).	Linker Arm öffnet seconde, Handfläche offen, rechter Arm verläßt die Stange.
1 (3) 1 (4)	Setze das linke Bein in kleine 2. Position, dann en dehors pirouettes auf auf rechts, das linke Bein mit Fuß hinter dem rechten Knie. Beende die Drehung in kleiner 2. Position.	Vorbereitung für Pirouettes. Schließe Arme vor der Brust. Öffne Arme in à la seconde, Handflächen offen, Arme leicht vorwärts gestreckt.
12 (5–16)	Wiederhole die obige Übung mindestens dreimal. Weniger fortgeschrittene Schüler führen diese Übung in halbem Tempo durch.	

-15- Grand Battements 4/4-Takt

3. Position, links vorn.
Normale Armvorbereitung.

8 Takte und 1 (1)	Grand battement mit links en avant, das rechte Bein geht in demi-plié und die Ferse schlägt einmal am Boden auf, setze das Spielbein in 4. Position point tendu devant ab,	Linker Arm öffnet en haut, dann weiter nach seconde, Handfläche offen.
	»flic« mit linken Zehen über den Boden und hebe das Bein zu passé mit	Linker Arm schließt in der Hüftposition

	leicht angezogenem Knie. Fersenschlag mit rechtem Standbein. Schließe linkes Bein in 3. Position vorn.	wieder an, Schulter und Ellbogen sind gut vorwärts gewendet.
2 (2–3)	Wiederhole die Übung in à la seconde,	
1 (4)	en arrière und à la seconde und dann	
4 (5, 6, 7, 8)	en croix.	

-16- Sur le cou-de-pied 3/4-Takt

Einleit.
Akk. Rechts ist das Standbein, links in sur le cou-de-pied devant. Armvorbereitung wie zuvor.

4 Takte und
1 (1) Hebe und senke die rechte Ferse während der linke Fuß zu sur le cou-de-pied derrière wechselt (Abb. 39). Rechte Ferse hart aufsetzen, während das linke Bein wieder nach vorn wechselt (Abb. 40).

39

40

	Stoße das linke Bein in »Frappé«-ähnlicher Bewegung devant, während das rechte Bein in ein demi-plié vorwärts gleitet (Abb. 41).	Linker Arm öffnet über en haut à la seconde, Handfläche offen, Kopf nach links geneigt.
1 (2)	Zur Stange gedreht, übertrage das Körpergewicht auf das linke Bein und mache eine halbe Wendung, so daß der Körper in die entgegengesetzte Richtung kommt. Bringe das rechte Bein sur le cou-de-pied devant.	Rechte Hand verläßt die Stange, linke Hand ergreift die Stange, während die rechte Hand in die Hüftposition geht.
2 (3–4)	Wiederhole zur anderen Seite und dann wiederhole alles noch einige Male. Die gleiche Übung kann wie zuvor auch so ausgeführt werden, daß das arbeitende Bein zuerst à la seconde gestoßen wird, dann »flic-flac« hinter dem Standbein und eine Drehung en dehors, dann Beinwechsel. Die Arme gehen während der Drehung in dieser Übung en haut.	

41

ÜBUNGEN IN DER RAUMMITTE

POLKA-SCHRITTE

-1- 2/4-Takt

	2 Takte und	3. Position, rechtes Bein vorn, Ansprung auf linkem Bein	Rechter Arm mit der Hand zur Faust geformt en avant, linker Arm hinter dem Körper auf gleicher Höhe.
(1)	1	Mit »chassé« auf rechten Fuß effacé devant treten (Abb. 42, hier mit Armen in Hüftposition gezeigt).	
	und	Stelle linkes Bein hinter rechtes,	
	2	öffne rechtes Bein effacé devant in 4. Position.	
	und	Öffne linkes Bein am rechten Bein vorbei,	Arme wechseln in entgegengesetzte Richtung.
(2)	1	trete auf linken Fuß in 4. Position effacé devant,	
	und	bringe rechtes Bein hinter linkes,	
	2	öffne linkes Bein wieder effacé devant. Dieser Schritt kann auch nur zu einer Seite oder mit Drehungen ausgeführt werden, wie ein »gehüpftes« chaîné.	

-2- Counterclock-Schritt 2/4-Takt

	4 Takte	Stehe in 6. Position.	Arme in Hüftstellung.
(1)	1	Trete rechts leicht seitlich auf rechts.	

42

43

	2	Trete mit links croisé devant über rechts,	
	1	trete mit rechtem Bein in eine kleine	
(2)		à la seconde Position.	
	2	Schließe das linke Bein zum rechten.	
	1	Hüpfer auf links während das rechte Bein croisé devant in die 4. Position	
(3)		geht, wobei die Zehenspitzen einmal den Boden berühren (Abb. 43);	
	2	bringe rechtes Bein effacé devant, den Boden berührend,	
	1	bringe rechtes Bein zur 6. Position	
(4)		und gehe auf halbe Spitze auf beiden Beinen in 6. Position,	
	2	senke und hebe die Fersen zweimal sehr schnell in 6. Position.	

-3- Deutsche Polka 2/4-Takt

	4 Takte	Stehe in 6. Position.	Arme in Hüftstellung.
	und	Hüpfe auf linkem Bein,	
		stelle rechte Ferse en avant auf	Linke Schulter épaulement
(1)	1	(Abb. 44),	

44

45

	und	hüpfe auf linkem Bein,	
	2	stelle die Zehen des rechten Fußes leicht en arrière (Abb. 45).	Rechte Schulter épaulement.
	und	Hüpfe auf links,	
(2)	1	trete rechts en avant,	
	und	schließe linkes Bein zum rechten.	
	2	Trete auf rechts vor en avant.	
		Wiederhole alles zur anderen Seite – dabei vorwärts kommend. Dieser Schritt kann ebenfalls im Kreis oder rückwärts gemacht werden.	

-4- 2/4-Takt

	2 Takte	Stehe in 6. Position.	Arme in Hüftposition.
	und	Hüpfe auf linkem Bein,	
(1)	1	trete auf rechts à la seconde und mit halber Drehung über rechts (en dedans),	
	und	schließe linkes Bein zum rechten.	
	2	Leicht mit dem rechten Fuß neben dem linken Bein in 6. Position aufstampfen.	
(2)		Nun beginne das gleiche mit dem linken Bein zur anderen Seite.	

-5- 2/4

	2 Takte	Stehe in 6. Position.	Arme auf dem Rücken, Hände gehalten.
(1)	1	Trete mit rechts à la seconde in demi-plié.	
	und	Bringe linkes Bein hinter rechtes mit den Zehen den Boden berührend.	
	2	Hüpfe einmal auf rechts in sur le cou-de-pied.	
(2)	1 und 2	Wiederhole alles zur anderen Seite und ebenfalls mit halber Drehung.	

-6- 2/4-Takt

	1 Takt	Stehe in 6. Position, demi-plié.	Arme in Hüftstellung.
(1)	und 1	springe mit beiden Füßen, schlage die Fersen beider Füße in »cabriole« zusammen.	
	und	komme mit beiden Beinen in demi-plié, 6. Position auf.	
	2	Relevé in 6. Position und Fersen absetzen in demi-plié.	
		Wiederhole diese Übung einige Male.	

RUSSISCHE SCHRITTE

-1- 2/4-Takt

	1 Takt	»Kazanski« pas de basque. Stehe in 1. Position.	Die Männer halten die Rockaufschläge.
(1)	1	Pas de basque mit den Knien beider Beine so hoch wie möglich nach vorn gehoben, dabei leicht seitwärts nach rechts und links treten. Hebe das Knie des rechten Beines, abgebogen, so hoch wie möglich en avant und setze das rechte Bein in eine kleine, eingedrehte 2. Position, während das linke Bein mit hoch gehobenem Knie in en avant geht;	Die Mädchen haben die Arme in die Hüften gestemmt. Die Arme können seitwärts geöffnet werden.
	und	setze linkes Bein neben das rechte während dieses wie zuvor das rechte, hochgehoben wird.	
	2	Setze rechtes Bein neben linkes. Wiederhole nun zur anderen Seite.	Arme schließen in Hüftstellung.

-2- 2/4-Takt

	8 Takte	Stehe in 1. Position.	Männer kreuzen die Arme über der Brust.
(1)	1	Hüpfe auf linkem Bein und bringe das rechte Knie sehr hoch en avant (Abb. 46).	Mädchen halten die Arme in der Hüftstellung. Linker Arm en haut, die rechte Hand schlägt auf das erhobene
	2	Wiederhole den Hüpfer links,	Knie. Schlage das rechte Knie.

46

(2) 1	Mache das gleiche mit dem anderen Bein.	
2	Wiederhole, Hüpfer auf rechts.	Umgekehrte Armstellung.
(3) 1	Hüpfe auf linkem Bein, während das rechte Knie sehr hoch en avant gebracht wird.	Linker Arm en haut, die rechte Hand schlägt das linke Knie.
2	Hüpfe auf rechtem Bein und bringe das linke Knie en avant hoch.	Rechter Arm en haut, linke Hand schlägt das linke Knie.
4. Takt	Wiederhole alles links, dann mit rechts en avant.	
5. Takt 6. Takt 7. Takt 8. Takt	Wiederhole nun den ersten Schritt rechts und links, dann den letzten Schritt rechts und links und dann stampfe auf den Boden mit rechts, links und rechts in 6. Position.	Öffne beide Arme mit offener Hand en avant.

-3- Trepak – 2/4

2 Takte	Pas Marché (mit Akzent auf erstem Schritt);	
	Stehe in 1. Position.	Arme vor der Brust gekreuzt, Arme à la seconde öffnen;
(1) 1	Mit links en avant auftreten, dabei	

		das rechte Bein kraftvoll am linken Bein vorbei in effacé devant bringen.	Handflächen offen.
	und	Mit rechts auftreten, mit links auf-	
	2	treten, rechts aufstampfen, dabei das	
	1	linke Bein kraftvoll am rechten Bein	
(2)		vorbei in effacé devant bringen,	
	und	linkes Bein am Boden aufsetzen,	
	2	rechtes Bein am Boden aufsetzen.	

-4- Russische Kabriolen: gewöhnlich im 2/4-Takt

Takte	a) Springe vom Boden; dabei das rechte Bein mit grand battement in effacé devant bringen, während das linke Bein unter dem Körper in »passé« bleibt. b) Springe vom Boden mit beiden Beinen ab, das rechte Bein wieder mit grand battement in effacé devant bringen, dann aber die Zehen beider Füße zueinander unter dem Körper oder auch seitlich des Körpers bringen.	Beide Arme vor der Brust kreuzen. Während des Sprunges öffne einen Arm en haut.

-5- 2/4-Takt

2 Takte	Stehe in 1. Position, demi-plié,	Männer kreuzen die Arme über der Brust, Mädchen halten die Hände in die Hüften gestemmt, dabei sind die Ellbogen gut nach vorn gebracht.

(1)	und 1	hüpfe auf dem linken Bein, während das rechte mit gehobenem Knie nach vorn gebracht wird und dann nur die Ferse auf den Boden gebracht wird.
	und 2	Hüpfe wieder auf das linke Bein und bringe dabei nun das rechte Bein en arrière; die Zehen berühren den Boden.
(2)	1	Hüpfe wieder auf links und stelle das rechte Bein mit vollem Fuß devant auf den Boden.
	und	Trete auf linkes Bein,
	2	trete auf rechtes Bein (laufende Schritte).

-6- »Garmoshka« – *(Harmonika)* 2/4-Takt

8 Takte und

Stehe in 1. Position.
Springe vom linken Bein während das rechte in ein eingedrehtes »passé« gehoben wird, der rechte Fuß ruht dabei kurz an der Seite des linken Knies (Abb. 47 und 49).

Arme in Hüftposition. Linker Arm ist en avant, der rechte in à la seconde, beide Hände machen eine Faust. Der Körper neigt sich über das linke Bein in »cambré«, der Kopf neigt sich nach unten und auch der Blick ist nach unten gewendet.

47

48

49

1	Bringe das rechte Bein zum linken Fuß und kurz vor der Bodenberührung öffne das rechte Bein in eine kleine à la seconde Position; nur die Ferse berührt den Boden (Abb. 48).	Die Arme schwingen über en bas nach links à la seconde.
(1) und	Zehen angehoben und auswärts gedreht. Linkes Bein mit gebogenem Knie anheben.	
2	Trete mit linkem Fuß zum rechten.	Beide Arme sind in en bas Position.
und	Hüpfe vom linken Bein und mache die gleiche Bewegung zur rechten	
2.+3.+4.Takt	Seite, im Ganzen dreimal – rechts,	
5.–8.Takt	links, rechts aufstampfen und wiederhole alles zur anderen Seite.	

-7- »Podshechka« (Russische Mühle oder Kaffeemühle)

Nur für Männer

1 Takt	In 1. Position in grand plié, aber auf halber Spitze und das linke Bein à la seconde gestreckt.	Beide Hände unterstützen den Körper, der weit vorgebeugt ist.
1	Bringe das linke Bein in grand ronde-de-jambe à terre en avant, dann croisé devant und weiter zur rechten Seite.	Hebe die jeweilige Hand kurz vom Boden um das Bein passieren zu lassen.
(1) und	Führe den Kreis mit dem linken Bein weiter und hebe das rechte Bein in in seiner grand plié-Position um das linke Bein passieren zu lassen, dann bringe den rechten Fuß wieder zu	Der Körper ist nun gut vorgebeugt, um es dem rechten Bein möglich zu machen, gehoben zu werden.
2	Boden, erweitere den Kreis mit dem linken Bein bis es wieder in à la	

seconde an der linken Seite ankommt.
Führe diese Übung ununterbrochen etliche Male durch.

-8- »Russki Schag« 2/4 Takt

	2 Takte	Stehe in 1. Position In einer Vorwärtsbewegung zähle eins – und – zwei – und –	Arme in Hüftposition
	1	Mädchen treten auf halbe Spitze devant mit rechts.	Arme öffnen sich à la seconde
(1)	und	Treten auf halbe Spitze mit links devant,	
	2	treten devant mit rechts auf halbe Spitze,	
	und	heben den linken Fuß etwas vom Boden und bringen ihn en avant.	
(2)	1 und 2	Wiederhole.	Arme schließen in Hüftposition

-9- »Bokowoi schag« (Seitenschritt) 2/4-Takt

	2 Takte	Stehe in 1. Position.	Arme in Hüftposition.
(1)	1	Trete mit rechtem Bein rechts seitlich in halbe Spitze, möglichst weich getreten,	
	und	linkes Bein zum rechten in halber Spitze in Fersennähe,	
	2	und hebe das rechte Bein sehr schnell vom Boden.	
(2)	1 und 2	Wiederhole von Anfang an. Diese Bewegung wird oft bei einer Drehung auf der Stelle benutzt.	

-10- 2/4-Takt

	2 Takte	Stehe in 3. Position, rechter Fuß vorn.	Arme in Hüftposition oder vor der Brust gekreuzt.
	1	Trete mit rechts zur 4. Position effacé devant, aber setze nur die Ferse auf den Boden, Zehen gut angehoben.	Öffne Arme à la seconde, Handflächen offen.
(1)	und	Setze den linken Fuß in halber Spitze hinter die rechte Ferse,	
	2	trete leicht en avant auf den ganzen rechten Fuß.	Schließe die Arme über en avant in der Hüftposition.
(2)		Wiederhole alles und beginne mit dem anderen Bein.	

-11- 2/4-Takt

	2 Takte	Stehe in 3. Position, rechts vorn.	Arme ruhen in der Hüftposition.
	1	Trete en avant in eine kleine 4. Position mit leicht gebogenem rechten Knie.	
(1)	und	Bringe das linke Bein in sur le cou-de-pied en arrière vor rechts in coupé, den Boden nur mit den Zehenspitzen einmal kurz berührend.	
	2	Springe auf rechtes Bein in demi-plié,	
	und	das linke Bein berührt den Boden en arrière mit den Zehen in einer sehr schnellen Bewegung einmal.	
(2)	1	Mit einer halben Drehung des Körpers wird das linke Bein croisé devant gebracht;	Der Arm an der Seite des Standbeines wird mit gehobenem Hand-

(2)	und	der rechte Fuß schlägt mit den Zehen leicht am Boden en arrière an;	rücken gesenkt und im Winkel zum Boden zeigend; der Körper in der gleichen Richtung.
	2	Springe auf links mit kleinem demi-plié,	
	und	Die Zehen des rechten Fußes berühren den Boden einmal kurz en arrière.	Der andere Arm wird vom Ellbogen an mit abgebogenem Handrücken angehoben.

Jeder dieser Schritte ist mit einer halben Drehung auszuführen.

-12- 2/4-Takt

	2 Takte	Stehe in 1. Position.	
	1	Springe in 2. Position, Zehen auf halber Spitze einwärts gedreht.	Hände in der Hüfte.
(1)	und	Springe wieder und bringe dabei die Füße zusammen, während	Arme öffnen sich demi seconde. Handflächen offen.
	2	der linke Fuß en arrière zur rechten Wade geht,	
	und	wie in »jeté« gehalten.	
(2)	2.Takt	Springe wie vorher in 2. Position und mache dann eine halbe Drehung über rechts in 3. Position, halbe Spitze, links vorn.	Die Arme werden en avant gehalten wie in Pirouetten üblich.

-13- »Schuster's Schritt« 2/4-Takt

Nur für Männer

	2 Takte	Stehe in 1. Position.	Arme über der Brust gefaltet.
	1	Gehe in ein tiefes plié in der 1. Position,	
(1)	und	hüpfe in leicht angehobener Sitzstellung auf dem rechten Bein,	Arme öffnen sich zu à la seconde.
	2	bringe das linke Bein croisé devant von rechts mit gehobenem Knie, aber weiter im grand plié bleibend;	Schlage den linken Fuß mit der rechten Hand, linke Hand en haut.
	und	zurück ins ganz tiefe grand plié in 1.	Die Arme wechseln
(2)	2.Takt	Position.	sich ab.
		Wiederhole das gleiche mit dem anderen Bein.	

UNGARISCHE SCHRITTE (Ćśardaś)

-1- 4/4-Takt

1 Takt	1. Position	Arme in Hüftposition.
und	Auf dem rechten Bein leicht zurückspringen,	
1	linkes Bein leicht auswärts gedreht, in Wadenhöhe heben, croisé devant über rechtes Bein vortreten;	Die Arme mit offenen Handflächen en avant in offerierender Geste.
(1) und	leicht auf dem linken Bein zurückspringen,	
2	rechtes Bein, leicht auswärts gedreht, über linkes Bein croisé devant vorbringen (Abb. 50 und 51). Die vollständige Bewegung kann vorwärts, rückwärts, en diagonale oder mit halber Drehung à la chaîné ausgeführt werden. Wird die Bewegung rückwärts ausgeführt, so bewegen sich die Arme über seconde, en avant und zurück zur Hüftposition.	

50

51

-2- Üblicher ungarischer Abschluß-Schritt 4/4-Takt

1 Takt und	1. Position Leicht auf dem linken Bein anspringen, während das rechte Bein eine »frappé« Bewegung effacé devant ausführt;	Arme à la seconde, offene Handflächen. Der Körper fängt an, sich von der Taille vorwärts zu beugen.
1	der rechte Fuß wird mit eingedrehten Zehenspitzen croisé devant vor den linken Fuß gesetzt – beide Beine in demi-plié (Abb. 52);	Der Oberkörper neigt sich weit vor und dann zur linken Seite gelehnt, der linke Arm en avant, der rechte bleibt in à la seconde.
(1) 2	mit kleinem Sprung beide Beine in à la seconde öffnen, Knie abgebogen, Zehen einwärts gedreht, aber in halber Spitze Position (Abb. 53).	Bringe den linken Arm zu seconde zurück, den Kopf mit Kinn zur Brust geneigt, die Hände sind von den Gelenken aus abgeknickt und auswärts gedreht.

52

53

3 (1) 4	Bringe beide Beine in der 1. Position zusammen, aber in halber Spitze und schlage die Fersen zusammen (Abb. 54, ohne Bewegung).	Oberkörper aufrichten und drehe die Arme so, daß die Handflächen offen sind.

Der Schritt sollte auf beiden Seiten geübt werden und auch mit halber Drehung.

-3- »Bokazo« (Hackenschlag) 2/4-Takt

1 Takt	1. Position.	Arme in à la seconde.
und	Hebe den linken Fuß auf halbe Spitze während das rechte Bein mit abgebogenem Knie, eingedrehter Fußspitze, so angehoben wird, daß die rechte Ferse den höchsten Punkt bildet. Die Knie berühren sich beinahe (Abb. 55).	Drehe die Arme so, daß dieHandflächen abwärts und nach hinten gedreht sind.
1	Schlage die Fersen in halber Spitze Position, kräftig zusammen;	Drehe die Arme so, daß die Handflächen noch oben geöffnet sind.
und (1)	Hebe den rechten Fuß auf halbe Spitze, während das linke Bein mit abgebogenem Knie, eingedrehter Fußspitze, so angehoben wird, daß die linke Ferse den höchsten Punkt	Arme wie zuvor.

54

55

	bildet. Die Knie kommen fast zusammen.	
2	Schlage die Fersen kräftig zusammen, aber in halber Spitze Position.	

-4- 2/4-Takt

1 Takt	1. Position	Arme in Hüftposition.
1	Springe vom linken auf das rechte Bein, die Knie hoch angehoben und eng zusammengehalten;	Die Arme öffnen sich über en avant, en haut zu à la seconde, der Körper ist nach rechts geneigt, der Kopf ebenfalls.
(1) und	hebe das linke Bein in der gleichen Weise und setze dann den linken Fuß neben dem rechten auf den Boden (Abb. 56);	
2	einmal mit rechts aufstampfen, dabei wird der rechte Fuß leicht vom Boden gehoben.	Die Arme schließen in einer Bewegung über en haut und en avant.
	Wiederhole alles zur anderen Seite.	Mit umgekehrter Körperbewegung.

-5- 2/4-Takt

1 Takt	1. Position	Arme in Hüftposition.
1	Schleife das gestreckte, rechte Bein zu à la seconde demi en l'air während das linke Bein ins demi-plié geht (Abb. 57).	Beide Arme gehen in einer schwingenden Bewegung über en bas und zur rechten Seite in à la seconde. Der Körper ist nach links geneigt.
(1)		

56

57

und 2	Bringe das rechte Bein neben das linke in 6. Position auf halbe Spitze; stampfe mit dem linken Fuß einmal leicht neben dem rechten auf.	Bringe die Arme en bas. Oberkörper aufrichten.

Wiederhole alles zur anderen Seite und ebenfalls mit halber Drehung.

-6- 4/4-Takt

1 Takt	1. Position	Arme à la seconde, Handflächen offen.
1	Springe mit beiden Beinen und lande auf dem linken in demi-plié; das rechte Bein ist in croisé devant mit abgebogenem Knie gehoben (Abb. 58).	Schlage mit der linken Hand die rechte Ferse in croisé, während der rechte Arm in en haut gehoben wird.
2	Der rechte Unterschenkel geht in à la seconde, während das rechte Knie eingedreht bleibt und die rechte Ferse den höchsten Punkt in à la seconde bildet (Abb. 59);	Schlage die rechte Ferse mit der rechten Hand, der linke Arm ist en haut.
(1)	bringe das rechte Bein croisé en ar-	Schlage die rechte

58

59

	rière hinter das linke. Die Knie bleiben dabei geschlossen (Abb. 60);	Ferse mit der linken Hand; der rechte Arm ist in en haut.
4	springe in die 6. Position	Arme in à la seconde, Handflächen offen.
	Wiederhole alles zur rechten Seite.	

-7- 4/4-Takt

1 Takt	1. Position	Arme in Hüftposition.
1	Trete mit dem rechten Bein in die 4. Position effacé devant;	
2	Leichter Ansprung auf rechts, während das linke Bein in einem hohen développé croisé devant geöffnet wird;	Öffne den linken Arm en haut und neige den Kopf zum geöffneten Arm, linke Schulter in epaulé. Der rechte Arm bleibt in der Hüftposition.
3	Kurz auf das rechte Knie herunter, das linke Bein in die 4. Position croisé devant, ziehe den linken Fuß zum rechten im grand plié in der 6. Position.	Der linke Arm geht weit zurück in à la seconde und dann zu en bas neben den linken Fuß;
(1)		

60

61

4	Aufrichten, Gesicht effacé in Richtung 1 (Abb. 61).	Öffne linken Arm in seconde, Handflächen öffnen, die rechte Hand, mit gut ausgedrehtem Ellbogen geht hinter den Kopf in den Nacken;
1	Stoße mit dem linken Bein seitlich ab und komme auf das rechte Bein in 2. Position, eingedreht und demi-plié. Das linke Bein bleibt gestreckt in demi-en l'air (Abb. 62).	Drehe die linke, ausgestreckte Handfläche nach unten.
2	Bringe den linken Fuß zum rechten in halber Spitze Position und wiederhole den Abstoß vom linken aufs rechte Bein, 2. Position, demi-plié;	Öffne rechten Arm.
(2) 3	trete mit dem linken Bein über das rechte in croisé devant, 4. Position; bringe dabei die Ferse des rechten Fußes seconde en l'air (nicht zu hoch). Das rechte Knie bleibt eingedreht.	Beide Arme en bas vor dem Körper kreuzen, Handflächen nach unten. Arme öffnen sich à la seconde in halber Höhe, Handflächen nach unten abgebogen.

62

63

4	Schlage die Fersen im demi-plié aber auf halber Spitze, zusammen (Bokazo).	Drehe die Handfläche des ausgestreckten Arms nach oben.

-8- 4/4-Takt

1 Takt	1. Position. Körper nach Richtung 2 gewandt;	Die Arme öffnen sich à la seconde. Die Handflächen sind offen.
1	Trete mit dem rechten Bein über das linke in eine kleine 4. Position croisé devant, dabei hebe das linke Bein mit eingedrehtem Knie zur sur le cou-de-pied Position;	Der linke Arm ist en avant, der rechte effacé en arrière gestreckt.
2	Stoße das linke Bein wie in einem »frappé« nach effacé devant; dabei passiert das Bein den rechten Fuß in 6. Position. Bringe das linke Bein nun in einer ähnlichen Bewegung zurück und vor das rechte Bein	
(1)	(Abb. 63);	

64

65

3	Drehe den Körper nun in Richtung 1 und stoße das linke Bein in »frappé« croisé devant (Abb. 64 und 65) und bringe den Fuß sofort wieder mit einem »frappé« zurück, am rechten Fuß parallel vorbei durch die 6. Position und in eine »coupé« Position hinter dem rechten Standbein, das Knie ausgestreckt und demi-plié.	Der rechte Arm geht vor die Brust; der linke Arm ist in effacé en arrière ausgestreckt.
4	Wende den Körper in Richtung 5, bringe das linke Bein in kraftvoller Bewegung und leicht ausgedreht zur 1. Position neben dem rechten Bein.	Öffne in à la seconde, Handflächen nach unten, dann wende sie nach oben.

-9- Cśardaś – »*frizz*« (schnell) 2/4-Takt

4 Takte	6. Position	Arme in Hüftposition.
1	Stampfe mit dem rechten Fuß seitlich in à la seconde voll auf;	Arme sind offen in à la seconde, épaulement mit linker Schulter, Kopf nach rechts leicht geneigt und gewendet.
(1)		

	und	bringe den linken Fuß, kräftig auftretend, neben den rechten in 6. Position.	
	2	Trete mit rechts wieder parallel zu links in die 2. Position.	
	und	Bringe den linken Fuß wieder in die 6. Position neben den rechten, aber in halber Spitze und einem besonders kräftigen Aufstampfen.	
(2)		Wiederhole alles zur linken Seite und beginne mit links.	Arme und Körper bewegen sich entsprechend.
	1	Kraftvoller Auftritt mit dem rechten Fuß, dabei das linke Bein leicht vom Boden abheben;	
(3)	und	aufstampfen mit links, dabei das rechte Bein leicht vom Boden abheben;	
	2	Wiederhole obiges dreimal	
	und	in sehr schneller Bewegung; Knie nahe beieinander und in 6. Position.	
	1	Springe leicht vom Boden, dabei bleiben beide Füße in 6. Position,	Der linke Arm wird vor die Brust geführt,
(4)		der Körper nach Richtung 2. ge-	der rechte Arm in

66

	wendet (Abb. 66 zeigt die Haltung mit dem rechten Arm vorn).	effacé en arrière ausgestreckt.
und	Wiederhole alles und wende den Körper in Richtung 1.	Umgekehrte Armbewegung;
2	Wiederhole alles und wende den Körper in Richtung 2.	UmgekehrteArmbewegung.

-10- »Dobanto« 2/4-Takt

1 Takt	3. Position, rechter Fuß vorn.	Arme in Hüftposition.
und	Leichter Ansprung auf das linke Bein, während das rechte Bein mit dem Fuß in sur le cou-de-pied devant kommt,	Bringe den rechten Arm en avant, vor der Brust gekreuzt, der linke Arm nach hinten auf den Rücken.
(1) 1	mit dem rechten Bein leicht vor dem linken in croisé devant aufstampfen, während das linke Bein in sur le cou-de-pied en arrière geht.	
2	Stampfe mit dem linken Bein nun croisé derrière vor dem rechten Bein und hebe das rechte Bein in sur le cou-de-pied.	
	Der Schritt wird gewöhnlich mit »tombé« Drehung und sur le cou-de-pied ausgeführt. Es ist ein »trommelnder Schritt«.	

-11- 2/4-Takt, »Lejto« eine Kapriole mit gestreckten Beinen

1 Takt	6. Position, demi-plié.	Linker Arm en haut, rechter Arm mit Hand in Hüftposition.
und	Ein kleines sauté, indem das rechte Bein mit angehobenem Fuß seitlich gestreckt wird, gefolgt von linkem Bein, ebenfalls gestreckt. Beide Fersen schlagen in der Luft gegeneinander. Absetzen in demi-plié auf rechtem Fuß.	
(1) 1	Stampfe mit linkem Fuß auf,	
2	stampfe mit rechtem Fuß in 6. Position. Die Kapriole kann nach rechts und links ausgeführt werden, gleichzeitig dabei mit Drehung nach links oder rechts. Wird die Kapriole mit gebeugten Knien ausgeführt, so nennt sie sich *»Bokavero«*.	

-12- Cou-de-talon« 2/4-Takt

1 Takt	6. Position.	
und	Trete mit dem linken Bein über das rechte in eine kleine 4. Position croisé devant. »Cou-de-talon« (Abb. 67):	Oberkörper vorbeugen und in Richtung 2. Linker Arm über der Brust und über dem rechten etwas niedriger gehaltenen Arm gekreuzt. Neige den Kopf zur linken Schulter.

67

68

69

(1)

1 Das rechte Bein seitlich in à la seconde, demi-en l'air, mit eingedrehtem Fuß ausschleifen, dabei auf dem linken Bein seitlich rutschen (Abb. 68).

2 Am Ende der Bewegung wird das rechte Bein zum linken in die 6. Position, demi-plié gebracht (Abb. 69). Es ist darauf zu achten, daß kein »battu« erfolgt! Wiederhole mehrere Male zu einer Seite und dann zur anderen Seite.

Beide Arme öffnen sich à la seconde, der Kopf wird nach rechts in die Richtung der Bewegung gedreht.
Die Arme kommen in entgegengesetzter Richtung in die gekreuzte Position vor dem Oberkörper zurück.

JUGOSLAWISCHE KOLO-SCHRITTE

-1- 3/8-Takt

4 Takte	6. Position.	Arme in Hüftposition.
(1)	Kleiner Sprung mit beiden Füßen in 6. Position.	
(2)	Wiederhole.	
(3)	Kleiner Sprung, komme nur auf dem linken Bein auf, während das rechte in Wadenhöhe gehoben wird.	
(4)	Kleiner Sprung und linkes Bein in Wadenhöhe gehoben. Wiederhole alles noch zweimal und stampfe dann links, rechts, links, rechts auf. Der Schritt wird mit einem Partner ausgeführt. Das Mädchen hält die Arme gekreuzt, der Mann läßt sie vor sich passieren und hält ihre Hände. Er dreht sie entweder unter seinem gehobenen Arm oder aber um sich herum.	

-2- 3/8-Takt

4 Takte	6. Position	Arme in Hüftposition.
(1)	Kleiner Sprung auf linkem Bein während das rechte mit den Zehen den Boden in efface devant point tendue berührt.	Der Körper wendet sich ein wenig in Richtung des arbeitenden Beines (épaulement).

(2)	Bringe das rechte Bein croisé devant; den Boden vor dem linken Bein point tendue berühren.	
(3)	Das rechte Bein abbiegen und den rechten Fuß hinter den linken in sur le cou-de-pied bringen, wobei die Zehen den Boden berühren.	
(4)	Füße in 6. Position schließen. Wiederhole alles zur anderen Seite.	

-3- 3/8-Takt – *Nur für Männer*

4 Takte	6. Position.	Arme in à la seconde, Handflächen nach oben offen.
(1)	Grand plié mit	
(2)	gut zusammengehaltenen Knien.	Der Körper dreht sich in die Richtung der Knie.
(3)	Drehe die Knie in der Hocke nach rechts und links, die Füße dabei in halber Spitze Position.	
(4)	Wiederhole während des Aufstehens die Bewegung. Die Kniebewegung kann ebenfalls beim Heruntergehen ins grand plié gemacht werden.	

-4- 3/8-Takt

4 Takte	6. Position.	Arme in Hüftposition, ein Taschentuch in der rechten Hand.
(1)	Leichter Sprung auf rechtem Bein während das linke Bein vorwärts	

	gebracht und vom Boden gehoben wird.	
(2)	Setze das linke Bein mit kleinem Sprung am Boden ab, während das rechte en avant gestreckt pointe tendue geht.	Drehe und winke mit dem Taschentuch während dieser Schritt ausgeführt wird.
(3)	Wiederhole alles mit dem anderen Bein,	
(4)	setze das linke Bein devant gestreckt. Dabei berührt nur die Ferse den Boden und die Fußspitzen sind angehoben.	

Wiederhole dies (4) zur anderen Seite und beginne mit dem anderen Bein. Die Bewegung ist sehr schnell.

-5- 3/8-Takt

8 Takte	3. Position, rechter Fuß vorn.	Arme in Hüftposition.
(1)	Stampfe mit der rechten Ferse in 4. Position en avant,	
(2)	Wiederhole.	
(3)	Wiederhole.	
(4)	Setze das rechte Bein hinter das linke,	Bringe die linke Schulter nach vorn.
(5)	Setze das linke Bein in die 2. Position,	
(6)	setze das rechte Bein vor das linke en avant,	
(7)	drehe auf dem rechten Bein en dedans,	
(8)	hebe das linke Bein in eine möglichst hohe »passé«-Position, mit eingedrehtem Knie und in Richtung croisé devant.	

Wiederhole zur anderen Seite.

-6- 3/8-Takt

8 Takte	3. Position, rechts vorn.	Arme in Hüftposition.
(1)	Rechter Fuß mit ganzer Sohle zu croisé devant vor dem linken ausschleifen,	
(2)	Wiederhole rückwärts,	
(3)	Wiederhole vorwärts,	
(4)	schließe das rechte Bein zum linken in 6. Position,	
(5)	linker Fuß mit ganzer Sohle croisé devant vor dem rechten Fuß ausschleifen,	
(6)	tombé auf linkem Bein, rechtes Bein coupé derrière in sur le cou-de-pied,	
(7)	trete auf rechtes Bein hinter dem linken,	
(8)	schließe linkes Bein zum rechten in 6. Position auf.	

-7- »Sedam« = 7 2/4-Takt

8 Takte	1. Position	Arme in Hüftposition.
(1) 1	Trete mit rechtem Bein à la seconde,	
2	schließe linkes Bein rückwärts in 3. Position.	
(2) 1	Wiederhole mit dem rechten Bein à la seconde.	
2	Wiederhole, linkes Bein rückwärts geschlossen in 3. Position.	
(3) 1	Wiederhole mit rechts,	
2	Wiederhole mit links,	
(4) 1	Wiederhole mit rechts,	
2	bleibe in der 2. Position.	
(5–8)	Wiederhole alles zur anderen Seite.	

-8- 2/4-Takt

8 Takte	Stehe in 3. Position, rechtes Bein nach vorn.	Arme in Hüftposition.
(1)	Trete mit dem rechten Bein seitlich in à la seconde,	
2	schließe das linke Bein zum rechten in 6. Position,	
(2) 1	trete mit rechts seitlich à la seconde und springe auf dem rechten Bein während das linke Bein eingedreht, in demi-passé devant gebracht wird.	
2	Trete auf linken Fuß,	
(3) 1	springe auf linken Fuß, bringe dabei das rechte Bein croisé devant in ein offenes »coupé«.	
2	Trete auf das rechte Bein hinter dem linken,	
(4) 1	Frappé-ballonné Bewegung mit linkem Bein croisé devant vor rechtem Bein.	
2	Leichter Sprung auf rechtem Bein.	
(5–8)	Wiederhole alles zu anderen Seite.	

TARANTELLA-SCHRITTE

-1- Tarantella 6/8-Takt

2 Takte/Akk.	3. Position, rechts vorn.	Arme während der ganzen Übung en haut, einen Tamburin haltend.
und	Zwei Akkorde Einleitung:	
(1)	Mache seitlich mit wenig gebeugten Knien nach rechts ein »petit pas de basque«: Trete auf halbe Spitze nach rechts mit einem kleinen Sprung, bringe das linke Bein sofort croisé devant in kleine 4. Position vor dem rechten Bein in demi-plié.	
(2)	Springe mit rechts wieder seitlich auf halbe Spitze wie zuvor und bringe das linke Bein nun croisé en arrière in eine kleine 4. Position hinter dem rechten Bein. Die Knie bleiben im demi-plié während der Sprünge und die Füße landen immer in halber Spitze Position.	
	Wiederhole die Übungen mehrmals nach der einen und dann nach der anderen Seite.	

-2-

8 Takte	4. Position, rechts vorn.	Linke Hand in die Hüfte gestützt, dabei wird von der rechten Hand unterstützt ein Tamburin gehalten.
und (1)	Eine Art grand jeté en tournant über rechts mit offenen Beinen: Schwinge	Linker Arm à la seconde, schlägt mit

	das linke Bein in einem Halbkreis nach rechts hinüber, das linke Bein landet dann in demi-plié devant, das rechte Bein landet mit dem Knie rückwärts am Boden.	dem Tamburin auf den Boden.
(2)	Bleibe in der gleichen Position,	Schlage mit dem Tamburin auf das rechte Knie;
(3)	bleibe in der gleichen Position,	Schlage mit dem Tamburin auf den rechten Ellbogen;
(4)	aufstehen und Beine in 6. Position bringen,	Schlage das Tamburin en haut gebracht mit der linken Hand.
(5–8)	relevé auf halber Spitze in 6. Position und senke die Fersen wieder: viermal hintereinander.	Öffne die Arme in à la seconde, halte das Tamburin in der rechten Hand.
	Wiederhole alles mehrmals.	

-3- 6/8-Takt

4 Takte	1. Position	Beide Hände halten das Tamburin en haut über dem Kopf.
(1) 1 und 2	Leichter Ansprung auf das rechte Bein, gleichzeitig das linke Bein in	
(2)	frappé oder ballonné croisé devant stoßen; wiederholter kleiner Sprung und frappé mit dem gleichen Bein.	
(3)	Leichter Sprung mit links in à la seconde während das rechte Bein ein frappé croisé devant vor dem linken macht;	

(4)	leichter Absprung auf links und wieder frappé croisé devant mit dem rechten Bein. Wiederhole alles mehrere Male in beiden Richtungen und auch rückwärts.	

-4- 6/8-Takt

8 Takte	3. Position, rechter Fuß nach vorn.	Die linke Hand in die Hüfte gestemmt, die rechte hält das Tamburin links in Hüfthöhe.
(1)	Chassé mit dem rechten Bein in Richtung 8 in arabesque demi-plié.	Der rechte Arm wird langsam in die Richtung des chassé ausgestreckt, Tamburin in der Hand nach vorn.
(2)	Sauté in demi-plié nach Richtung 8.	
(3–6)	Wiederhole sauté oder temps levé in demi-plié noch viermal,	
(7)	schleife linkes Bein in failli nach Richtung 8,	
(8)	contretemps mit rechts über links und wechsle die Richtung nach 6. Wiederhole alles nach Richtung 6.	Das Tamburin wechselt die Hände und der linke Arm geht devant mit Tamburin in Richtung 6.

-5- 6/8-Takt

8 Takte	1. Position	Tamburin in linker Hand an linker Hüfte, unterstützt durch die rechte Hand.
8 Takte	Wiederholung	
(1)	Gehe auf das linke Knie herunter,	Schlage das Tamburin

	rechtes Bein in effacé devant;	mit der linken Hand auf den Boden, devant, rechter Arm en haut.
(2)	bleibe in knieender Position,	Schlage das Tamburin auf das rechte Knie,
(3)	bleibe in knieender Position	schlage das Tamburin an den rechten Ellbogen,
(4)	bleibe in knieender Position,	schlage das Tamburin mit der rechten Hand.
(5–8)	bleibe in gleicher Position	bringe das Tamburin im Halbkreis über à la seconde und schüttele es dabei während sich der rechte Arm dabei entsprechend bewegt.
8 Takte		
(1–3)	Wiederhole Takt 1-3 und	
(4)	stehe auf,	schlage das Tamburin mit der rechten Hand.
(5–8)	Hebe die Fersen beider Füße in halbe Spitze und senke sie wieder.	Bringe das Tamburin im Halbkreis à la seconde.

-6- 6/8-Takt

8 Takte	3. Position, rechtes Bein vorn. Im Kreis über rechts:	Das Tamburin in der linken Hand und an der linken Hüfte, unterstützt durch die rechte Hand.
(1)	Trete auf rechtes Bein in demi-plié effacé devant,	Beide Arme gehen en avant.
(2)	Grand battement en cloche mit en avant nach links (in Richtung des Kreises) und führe ein temps levé aus,	Schlage Tamburin in die Position en avant in Hüfthöhe,

(3)	trete auf linkes Bein in Richtung des Kreises en avant und in demi-plié.	öffne die Arme über seconde,
(4)	Grand battement en cloche (en arrière), das rechte Bein rückwärts geschliffen und temps levé auf linkem Bein,	schlage das Tamburin mit beiden Händen gleichzeitig hinter dem Rücken.
(5-6-7-8)	Vier Laufschritte (à la jeté) mit rechts beginnen.	Bringe die Arme mit dem dem Tamburin zurück in die Hüftposition.

Wiederhole dies mehrmals.

-7- 6/8-Takt

2 Takte	Stehe auf dem rechten Bein, das linke Bein in sur le cou-de-pied derrière. Eine fouetté Drehung:	Das Tamburin in linker Hand an linker Hüfte, unterstützt durch die rechte Hand.
(1)	Coupé auf das linke, (zurückstehende) Bein und bringe unmittelbar darauf das rechte Bein in demi en l'air à la seconde.	Der rechte Arm bewegt sich mit dem Tamburin en haut und leicht hinter dem Kopf.
(2)	anschließend croisé en arrière vom linken Bein und Drehung auf dem linken Bein über en dehors. Komme mit dem rechten Bein kurz zu einer kleinen 4. Position en avant auf, damit das rechte Bein für einen Augenblick das Standbein wird.	Rechter Arm mit dem Tamburin nach en avant. Das Tamburin wird dort von der linken Hand geschlagen.

Wiederhole die Übung in einer Art »renversé« mehrmals.

-8- 6/8-Takt

2 Takte	3. Position, rechtes Bein vorn. »Soutenu en tournant«:	Das Tamburin in linker Hand an linker Hüfte, unterstützt durch die rechte Hand.
(1)	Demi-plié, sauté mit dem rechten Bein nach rechts auf halber Spitze. Bringe das linke Bein unmittelbar danach mit rond de jambe demi en l'air über rechts croisé devant, ebenfalls auf halbe Spitze.	
(2)	Drehe den Körper auf beiden Beinen in halber Spitze auf Position en dedans. Nach der Vollendung der Drehung ist das rechte Bein nun in 4. Position devant.	Arme en haut heben und das Tamburin über dem Kopf schlagen, danach die Arme à la seconde öffnen.

Wiederhole diese Bewegung etliche Male zur gleichen Seite. Dieser Schritt wird oft »Petit« oder »Grand Pas De Basque en tournant« genannt, je nachdem wie hoch der sauté und grand battement in Richtung à la seconde ausgeführt wird.

-9- 6/8-Takt

2 Takte	Stehe in 6. Position.	Das Tamburin in linker Hand an linker Hüfte, unterstützt durch die rechte Hand.
(1)	Kleiner Sprung auf beiden Beinen in 6. Position.	Tamburin in en avant Position anschlagen.
(2)	Grand battement mit rechtem Bein, während das linke einen kleinen	Schlage Tamburin mit beiden Händen unter-

	Sprung ausführt. Wiederhole alles mit dem anderen Bein noch einmal, usw.	halb des Knies des angehobenen Beines.

-10- 6/8-Takt

2 Takte	Stehe in 6. Position. Von links nach rechts:	Beide Hände halten das Tamburin hinter dem Rücken.
(1)	Sauté auf linkem Bein während das rechte à la seconde, leicht einwärts gedreht auf halber Spitze landet.	Die Arme bleiben hinten.
(2)	Ein weiteres sauté auf links, während das rechte Bein in à la seconde bleibt, aber jetzt nur mit der Ferse den Boden berührend, die Zehenspitzen angehoben und leicht ausgedreht. Wiederhole alles mehrmals zu beiden Seiten.	Kopf nach rechts oder links geneigt.

MAZURKA-SCHRITTE

-1- Mazurka 3/4- oder 3/8-Takt

	1 Takt/Akk.	3. Position, rechtes Bein vorn.	Hände in Hüftposition.
(1)	1	Tombé-chassé mit rechts leicht effacé devant in eine arabesque im demi-plié (Abb. 70 zeigt den Beginn des Schrittes nach links).	Rechter Arm öffnet sich über en avant zu à la seconde, Handfläche geöffnet.
	2	Ein temps en levé in demi-plié.	
	3	Linkes Bein am rechten Bein vorbei in einem ballonné devant ausschleifen (Abb. 71) und in sur le cou-de-pied devant vor dem rechten Bein absetzen. Wiederhole nun mit dem linken Bein.	Rechter Arm geht in die Hüftposition zurück.

70

71

-2- 3/4- oder 3/8-Takt

	1 Takt	3. Position, rechtes Bein vorn.	Arme in Hüftposition.
(1)	1	Mit rechtem Fuß in 4. Position devant aufstampfen (Abb. 72–73).	Rechter Arm öffnet sich über en avant zu à la seconde. Handfläche offen.
	2	Trete mit links in 3. Position hinter rechts.	
	3	Ballonné mit rechts leicht effacé devant. Dann bringe das rechte Bein zurück in sur le cou-de-pied vor das linke.	Bringe rechten Arm über en avant vor dem Körper gekreuzt, in Hüfthöhe zur linken Hand. Die Handfläche nach unten.
		Wiederhole dies mehrmals.	

-3- 3/4- oder 3/8-Takt

	2 Takte	1. Position	Arme in Hüftposition.
(1)	1	Bringe das rechte Bein halbhoch in à la seconde, schlage mit leichtem Anschlag die linke gegen die rechte Ferse in 6. Position, Zehen angehoben.	Arme öffnen sich à la seconde mit offenen Handflächen.
	2	Wiederhole die Kapriole.	
	3	Wiederhole nochmals.	
(2)	1	Sauté in die 2. Position auf halber Spitze mit leicht eingedrehten Füßen (Abb. 74).	Arme leicht beugen und die Handflächen so drehen, daß sie nach unten zeigen.
	2	Halte die Position.	
	3	Füße zur 1. Position mit demi-plié aber auf halber Spitze. Fersen aneinanderschlagen (Abb. 75).	Handflächen nach oben drehen.

72

73

74

75

-4- 3/4- oder 3/8-Takt

1 Takt — 1. Position — Arme in Hüftposition.

(1)

1 — Sauté nach rechts seitlich, leichtes demi-plié beim Aufsetzen des rechten Beines, linkes Bein mit gebeugtem Knie anheben,

2 — linkes Bein zum rechten in 6. Position,

3 — mit dem rechten Fuß neben dem linken aufstampfen.

Wiederhole zur anderen Seite.
(Die Betonung liegt auf »1«)

-5- 3/4- oder 3/8-Takt

	2 Takte	3. Position, rechtes Bein hinten.	Arme in Hüftposition.
(1)	1	Schleife rechtes Bein in effacé en arrière aus, schlage mit linkem Bein in capriole rückwärts an.	
	2	Trete auf rechtes Bein in en dehors Bewegung und setze die Drehung fort,	
	3	dabei auf linkes Bein treten.	
(2)	1 2	Schleife rechtes Bein zu einer arabesque croisé aus, demi-plié links,	Linker Arm bleibt in Hüftposition, der rechte Arm, mit offener Hand en avant und effacé.
	3	temps levé auf rechts in demi-plié arabesque. Wiederhole alles von der anderen Seite.	

-6- 3/4- oder 3/8-Takt

	1 Takt	3. Position, rechts vorn.	Arme in Hüftposition.
(1)	1	Trete seitwärts auf das rechte Bein,	
	2	bringe mit leichtem Sprung das linke Bein im Halbkreis vor das rechte (Ähnlich einem grand jeté en tournant) mit halber Körperdrehung, so daß das Gesicht in Richtung 7 gewendet ist. Rechter Fuß in croisé in kleiner 4. Position en arrière, Fußspitzen am Boden (Abb. 76),	Arme über der Brust gekreuzt, Blick über die rechte Schulter gewandt.
	3	setze die Drehung des Körpers nach rechts fort, so daß der Körper wieder in Richtung 5 gewandt ist. Linkes Bein	Öffne Arme à la seconde, Handflächen nach oben geöffnet.

76

77

in demi-plié, rechtes Bein en avant ausgestreckt, aber nur mit der Ferse am Boden, die Zehen angewinkelt (Abb. 77). Setze die Übung in gleicher Richtung fort.

(Die Männer »polieren« mit einer Bewegung des Handrückens die Schuhspitze des aufwärts gerichteten Fußes.)

-7- 3/4- oder 3/8-Takt

2 Takte — 3. Position, rechter Fuß vorn. — Arme in Hüftposition.

(1)
1 Mit rechts kräftig aufstampfen, demi-plié und dabei das linke Bein in leichtem effacé devant vorschleifen,
2 trete auf das linke Bein in halber Spitze Position und bringe das rechte Bein zum linken mit ganzer Fußsohle
3 am Boden;

Linker Arm geht über devant zu à la seconde, Handflächen offen. Der ausgestreckte Arm kommt langsam zur Hüftposition zurück. Der Ellbogen wird stark angewinkelt nach vorn geneigt.

(2)
1 stampfe mit dem linken Bein am Boden auf während das rechte Bein
2 effacé devant vorgeschliffen wird.
3 Demi-plié auf links und nach rechts fortfahren wie oben beschrieben.
(Die Betonung liegt auf »1«)

-8- 3/4- oder 3/8-Takt

	1 Takt	6. Position.	Arme in Hüftposition.
	1	Stampfe leicht mit dem rechten Fuß zur rechten Seite auf und hebe dabei das linke Bein mit angewinkeltem	Kopf dreht sich nach rechts.
(1)		Knie vom Boden,	
	2	Hackenschlag mit linker Ferse am Boden und dabei das linke Knie hoch anheben,	
	3	leichter Ansprung einmal auf rechts während das linke Bein angehoben wird.	
		Wiederhole mit anderem Bein.	Kopf nach links gewandt.

-9- 3/4- oder 3/8-Takt

	2 Takte	3. Position, rechter Fuß vorn.	Arme in Hüftposition.
	1	Trete mit rechtem Bein devant und temps levé, bringe das linke Bein sur le cou-de-pied devant,	Arme öffnen sich über en avant zu à la seconde, Handflächen offen.
(1)	2	Chassé devant mit links.	

78

	3	Temps levé in arabesque demi-plié (Abb. 78).	Schließe die Arme wieder in Hüftposition.
(2)	1, 2, 3	Wiederhole die Übung und beginne mit rechts ein temps leve auf linkem Bein, und bringe das rechte Bein sur le cou-de-pied devant.	

Teil II
Die Tänze

POLKA

Mit dem Begriff »tschechisch slowakische Tänze« verbindet man bestimmte Vorstellungen. Am bekanntesten dürfte wohl die böhmische Polka sein, ein lebhafter Tanz im 2/4-Takt mit der Betonung auf dem ersten Akkord, oder die Polka-Mazurka im 3/4-Takt mit der Betonung auf dem dritten Akkord. Die »Polka« ist ein Ketten- und Halb-Schritt-Tanz. Sein Ursprung ist in Böhmen zu suchen, wo er um 1830 entstand und schließlich neben dem Walzer der beliebteste Gesellschaftstanz im 19. Jahrhundert in Europa wurde. Die Polka hat viele andere Tanzformen beeinflußt und die eine oder die andere Art von Polka findet man heutzutage nicht nur in Europa sondern in der ganzen westlichen Welt. Die Polka wurde der Nationaltanz der Tschechoslowakei, neben vielen anderen Tänzen mit lokalen Charkateristiken und Traditionen, und wird an religiösen Festtagen, Zeremonien, Hochzeiten und dem Erntedankfest aufgeführt.

Die hier beschriebene Polka stammt aus der Oper »Die verkaufte Braut« des tschechischen Komponisten Friedrich (Bedřich) Smétana (1824–1884). Die Oper erlebte ihre Uraufführung am 30. Mai 1866 im České Prozatimni Divadlo (Interimstheater) in Prag; in leicht geänderter Fassung 1869 und in einer vom Komponisten stammenden Endfassung 1870 im gleichen Theater. Die Polka bildet den Abschluß des 1. Aktes, das Szenenbild ein böhmisches Dorf.

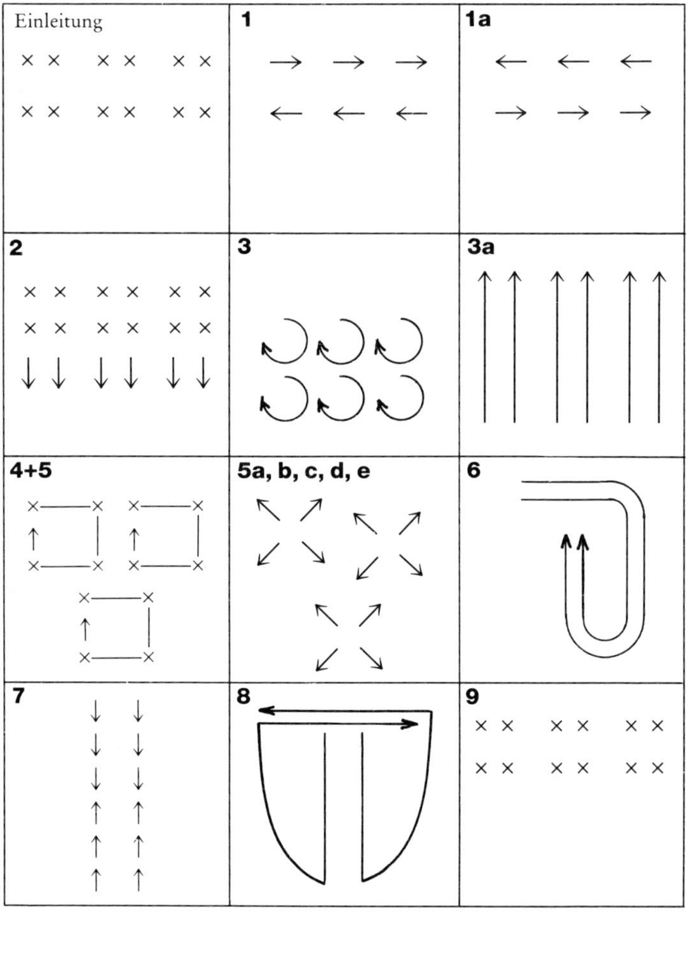

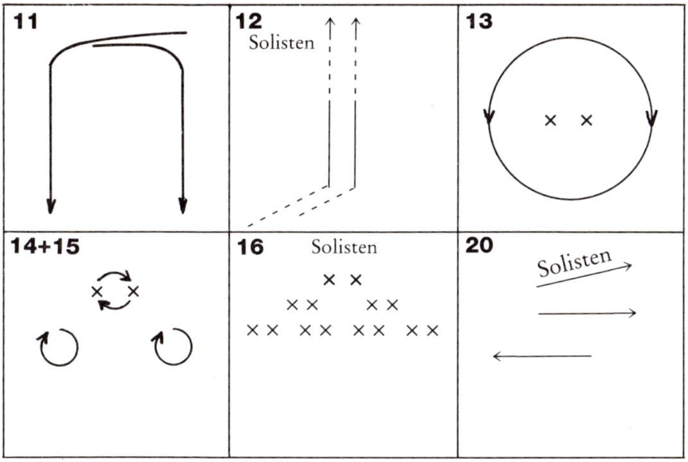

BÖHMISCHE POLKA

Aus der Oper: *Die verkaufte Braut*
Choreographie: *J. Pagels*
Musik: *B. Smétana*

2/4-Takt
Tanz für 6–8 Paare und ein Solistenpaar

Einleitung: Die Paare kommen nacheinander auf die Bühne, begrüßen sich und stellen sich zum Tanz auf: drei Paare bilden die erste Reihe, dahinter drei weitere Paare, dabei stehen die Männer an der linken Seite.

-1-

8 Takte	Nach Richtung 8, mit dem rechten Fuß beginnen: Rechte Ferse effacé devant gesetzt, Fuß abrollen, auftreten, linken Fuß hinter rechten auf halber Spitze aufsetzen und rechten Fuß wieder effacé devant öffnen wie in einem chassé. Den Schritt mit dem linken Bein in gleicher Richtung wiederholen, dann noch fünfmal wiederholen und mit rechts, links und rechts fest aufstampfen.	Hände hinter dem Rücken halten, épaulement. Hände gehen in die Hüftposition.

-1a-

8 Takte	Wiederhole die Schrittfolge zur anderen Seite nach Richtung 6.	

-2-

4 Takte	Nach Richtung 7: Paare mit Gesicht zueinander, sechs chassé Polkaschritte seitlich und zweimal fest aufstampfen.	Arme in Hüftposition Arme öffnen, Handflächen nach oben.

-3-

4 Takte	Im linken Ellbogen des Partners einhaken und mit leicht gesprungenem Polkaschritt mit angezogenen Knien in sieben Schritten umeinander herumhüpfen. Links und dann rechts aufstampfen.	Der äußere Arm ist gestreckt en haut gehalten. Arme seitlich öffnen.

-3a-

4 Takte	Wiederhole 2 in Richtung 5 zum Vordergrund der Bühne.	Arme in Hüftposition und am Ende seitlich öffnen.

-4-

4 Takte	Sieben abwechselnde Polkaschritte,	Arme hinter dem Rücken.
	wie 1, dreimal aufstampfen und in Position 4 enden.	Arme öffnen sich seitlich, offene Handflächen.

-5-

1 Takt	Weiten Schritt seitlich mit rechts und links in 6. Position schließen.	Arme hinter dem Rücken.
1 Takt	Den gleichen Schritt nach Viertelwendung in Richtung 7.	
1 Takt	Den gleichen Schritt nach Richtung 6.	
1 Takt	Den gleichen Schritt nach Richtung 5. Entsprechend der Aufstellung beschreiben die Tänzer(innen) ein Quadrat.	

-5a-

1 Takt	Mit gleichartigem Schritt nun je einen seitlichen Schritt mit Viertelwendung in die Diagonale nach Richtung 1, 2, 3 oder 4.	
1 Takt	Den gleichen Schritt nochmals in die gleiche Richtung wiederholen.	

-5b-

2 Takte	5a umgekehrt wiederholen und zur Ausgangsstellung zurückkehren.	

-5c-

2 Takte	Mit rechts zur Mitte des Quadrates vortreten und links zu rechts in 6. Position schließen. Mit links wiederholen. Gesicht zueinander.	

-5d-

2 Takte	Wiederhole 5c mit einer leichten Vorwärtsbewegung.	Große Armbewegung über à la seconde, en haut nach vorn und einander umarmen.

-5e-

3 Takte	In 6. Position verharren.	

-6-

17 Takte	Polkaschritt rechts und links. Halbe Körperwendung und mit dem Gesicht zum Publikum vier gehüpfte chassés rückwärts.	Schultern zu und voneinander gewendet. Arme in Hüftposition. Arme über en bas, en avant, à la seconde öffnen, Handflächen offen.
	Halbe Körperwendung. Polkaschritte rechts und links wiederholen.	Arme in Hüftposition.
	Vier gehüpfte chaînés.	
	Wiederhole 6, während die Paare nebeneinander einen Halbkreis über 1 – 4 – 3 zur vorderen Bühnenmitte nach Richtung 5 ausführen.	

-7-

8 Takte	8 pas de basque, wobei vom linken Bein mit hoch angezogenem Knie abgesprungen wird, rechtes Knie hoch anheben, auf rechts landen, links hoch anheben und neben rechts absetzen.	Die Arme öffnen sich über en avant und en haut à la seconde und schließen sich wieder in Hüftposition. Der Körper wendet sich leicht rechts und links.
	Die ersten drei Paare wenden sich vor dem pas de basque halb herum und führen die Bewegung nach 7 aus, die folgenden drei Paare in Richtung 5 ohne vorherige Wendung. Die Paare passieren einander (oder kreuzen einander).	Arme in Hüftposition (geben einander die Hand)

-8-

20 Takte	Rechte Ferse effacé devant aufgesetzt, Zehen gut abgehoben, dabei leichter Ansprung. Mit weiterem kleinen Hüpfer wird das rechte Bein in halbe Spitze Position vor das linke in 3. Position gestellt, gefolgt von zwei chassé Polkaschritten, indem die rechte Ferse, dann ganzer Fuß, effacé devant geführt wird; mit weiterem Hüpfer links hinter rechts schließen, rechts wieder effacé devant öffnen und die Schrittfolge wiederholen.	Linke Hand in Hüftposition, rechte mit offener Hand en avant. Der rechte Arm kommt wieder in die Hüftposition. Beim chassé kann auch mit Taschentuch oder Händen den gegenüber tanzenden Paaren zugewunken werden.

Der ganze Schritt wird links nun wiederholt, dann noch weitere 17mal und auf den letzten Takt dreimal abwechselnd aufstampfen. Die Bewegung führt von 7–3–6–2 nach Richtung 1 zu einer Linie von den ersten drei Paaren und über die andere Seite von 7–4–8–1 nach Richtung 2, wobei die Paare einander passieren.

-9-

4 Takte

Die Paare nebeneinander: Auf der Stelle leichter Ansprung auf linkem Bein, rechtes Bein geht mit den Fußspitzen croisé devant, mit weiterem Hüpfer auf links wird das rechte Bein mit Fußspitze effacé devant geführt, nur die Zehen berühren jeweils den Boden und sofort mit weiterem Hüpfer das rechte Bein einziehen und in der 6. Position neben dem linken absetzen.
Den Schritt auf der anderen Seite wiederholen.
Die Paare wenden sich einander zu, wobei die Körperrichtung nach 8 oder 6 gewand ist und führen ein pas en basque nach rechts und dann nach links aus.

Die Arme hinter dem Rücken halten.

Kopf und Blickrichtung folgt der Bewegung des Beines.

Arme öffnen sich über en bas, en avant und en haut in großem Kreis à la seconde und werden wieder in die Hüftposition beim zweiten pas de basque geführt.

-9a-

4 Takte	Springe auf beide Fersen vorwärts und trete gleich darauf mit dem rechten, dann linken Bein, sehr schnell, auf halbe Spitze in die 6. Position zurück.	Beide Arme schnellen en avant vor, die Handflächen angehoben und im Gelenk abgebogen. Arme einzeln zur Hüftposition zurückführen.
	Wiederhole 9a. Dreimal kräftig rechts, links, rechts aufstampfen und zwei pirouettes en dedans mit eingedrehtem Knie auf linkem Bein ausführen.	Arme vor dem Körper en avant und am Ende der Pirouette öffnen.
8 Takte	9 und 9a wiederholen.	

-10-

11 Takte	Der Mann stellt sich seitlich hinter das Mädchen und hebt es, an der Hüfte getragen hoch, setzt es links seitlich von sich ab. Mit gleichzeitigem temps levé sieht es über ihre rechte Schulter (das Mädchen vor sich schaut zur anderen Seite). Wieder temps levé und nun über die linke Schulter sehen. Das temps levé wird leicht seitlich ausgeführt.
	Wiederhole 10, wobei sich dieses Mal die Blicke der Partner treffen.
	Die Paare haken sich an den Ellbogen ein und bilden einen Kreis mit drei kleinen Hüpfern.

-11-

8 Takte	Die Paare trennen sich, wobei die ersten drei in Richtung 2 und dann 3 als einzelne Personen hintereinander mit 8 gesprungenen chaînés zu einer Linie kommen,	Hände in die Hüftposition.
	während die anderen drei Paare das gleiche über Richtung 1 und 4 ausführen und so eine Gasse bilden.	Dem auftretenden Solopaar zuwinken.

-12-

8 Takte	Auftritt des Solistenpaares von Richtung 7 nach 5: Das Mädchen an der rechten, der Mann an der linken Seite.	
	Beide beginnen mit dem innenseitigen Bein: Polkaschritt vorwärts, halb voneinander gewandt. Mit dem nächsten Polkaschritt zueinander gewandt.	Hände halten und nach vorn führen, andere Hand in Hüftposition. Arme entsprechend wechseln.
	12 noch einmal wiederholen, dann failli, coupé derrière und grand pas de chat, wobei beide voneinander getrennt sind. Failli, coupé und grand pas de chat wiederholen	Innenseitiger Arm en avant. Beide Arme in großem Bogen über en haut à la seconde.
4 Takte	Sauté auf linkem Bein, während das rechte mit gut aufgestellter Ferse effacé den Boden berührt, abermals sauté (Hüpfer), während das rechte Bein mit der Fußspitze vor das linke Bein in 3. Position gestellt wird, gefolgt von zwei Polkachassés seitlich. Wiederholen (mit links).	Arme in Hüftposition.

-12a-

6 Takte

Die restlichen Paare, die bisher zugeschaut haben, vereinigen sich nun mit dem Solopaar zu einem Kreis in der Raummitte, die Solisten im Kreis. (Polkaschritte rechts und links zum Kreis.)

-13-

16 Takte

Der Solist hebt seine Partnerin im Kreis auf die Schulter und dreht sich mit ihr für jeweils acht Takte über rechts und dann links und setzt sie dann am Boden ab. Aufstellung der Paare abwechseln, ein Mann und ein Mädchen nebeneinander, Gesichter nach außen gewandt.

Der Mann hält das Mädchen an den Hüften fest.

Die Männer halten einander an den Handgelenken und die Mädchen setzen sich mit leichtem Ansprung darauf und halten sich an den Schultern der Männer fest.

Die Männer treten mit rechts nach rechts, mit links über rechts, mit rechts wieder nach rechts und schließen die Füße. Nun die Mädchen vor und zurück und wieder vor und zurückschwenken. Obige Schritte nach links wiederholen. Die Mädchen absitzen lassen.

-14-

4 Takte	Den Kreis in der Mitte auflösen und mit schnellen Schritten zwei kleine Kreise rechts und links bilden:	

-15-

8 Takte	Das Solistenpaar, einander gegenübergestellt, umfaßt sich an der Hüfte und hält den anderen Arm seitlich ausgestreckt: Polkaschritt chassé von der Raummitte nach Richtung 2, dann auf die nächsten 8 Takte nach 1.	
	Die Paare der Gruppe stehen sich seitlich gegenüber und drehen sich miteinander im tombé, demi plié auf rechts, links coupé derrière.	Einander an den Hüften festhalten, nahe zueinander, Oberkörper seitwärts nach außen beugen und äußere Hand en haut gestreckt.
8 Takte	Die gleiche Drehung nun zur anderen Seite.	Arm- und Körperhaltung entgegengesetzt.

-16-

4 Takte	Die Paare bilden zwei Linien mit dem Gesicht nach vorn:	
	Trete auf rechten Fuß devant mit kleinem sauté und leicht rückwärts gerutscht, während das linke Bein gehoben wird und im eingedrehten	Beide Arme werden mit offenen Handflächen parallel en avant vorgestreckt,

	demi passé vor das rechte aufgesetzt wird.	bewegen sich dann über seconde in die Hüftposition.
	Wiederhole nun zur anderen Seite (insgesamt viermal). Solisten vorn.	

-17-

4 Takte	Kleines sauté auf links, während die rechte Ferse devant abgesetzt wird, Zehen gut angehoben; ein weiteres kleines sauté, während das rechte, eingedrehte Bein das linke nach rückwärts passiert und nur mit den Zehenspitzen en arrière am Boden abgesetzt wird.	Arme in Hüftposition, Blick nach rechts;
	Leichter Ansprung auf links und abwechselnd rechts, links, rechts am Boden aufstampfen. Die Bewegung ist sehr schnell!	Blick nach vorn.
	Wiederhole das ganze zur anderen Seite.	Umgekehrte Blickrichtung.

-18-

8 Takte	Rechtes Bein à la seconde ausschleifen, Fuß eingedreht und demi plié auf dem linken Standbein. Das rechte Bein kommt zum linken in die 6. Position zurück, wobei sich beide Füße auf die halbe Spitze heben. Hebe linke Fußspitze kurz vom Boden, setze sie auf und tue das gleiche mit der rechten (wie im pas de bourrée) und schleife das linke Bein in à la	Arme in à la seconde gestreckt und mit offenen Handflächen halten.

	seconde aus, während der rechte Fuß wieder aufgesetzt wird und ins demi plié geht. Dieser Schritt wird achtmal ausgeführt (in schneller Folge). Solisten das gleiche.	

-19-

8 Takte	Alle: Jeder einzeln für sich tombé auf rechts im demi plié, coupé links derrière und Drehung über rechts.	Rechter Arm in Hüftposition, linker auf halber Höhe zwischen à la seconde und en haut ausgestreckt.

-20-

5 Takte	Abgang im Polka chassé: Die vordere Linie nach rechts seitlich. Die Solisten springen mit dem letzten Takt der Musik seitlich ab.	Arme öffnen sich aus der Hüftposition langsam à la seconde mit offenen Handflächen.

POLKA

aus der Oper „Die verkaufte Braut" (Szene 5, Finale)
von Friedrich (Bedřich) Smétana

Der Gasthof. Die Älteren sitzen an Tischen. Die Jüngeren bereiten den Tanz vor.

Friedrich(Bedrich) Smetana
(1824-1884)

Polka Moderato

Moderato
p dolce
p
p
f
cresc.
ff
p dolce
f

marcato e cresc.
dolce
ff
p
cresc.
ff
sf
sf
sf
sf
p
dim.
pp
f
p dolce

p
piu. cresc.
8va
cresc.
8va
fz
sf
p
dolce
f
sf
p
dolcissimo
f

sf
p
f
dim.
p
f
sf
p
p
dolciss.
p
1.
2.
f

p
f
p
p
cresc.
8va
8va
f
sf
f
marcato il basso

8va
sempre f
sf
8va
sempre f
marcato sempre
8va
f
piu f
8va
sf
ff
sf

ff
più f
f
più f
col 8va ad lib.

sf
8
ff

RUSSISCHER TANZ

Die russischen Tänze zeigen eine große Zahl unterschiedlicher Schritte und Bewegungen und sie sind markant in ihrem originellen Charakter. Die vielen hundert verschiedenen Tänze erhielten ihren Namen überwiegend nach dem Namen der Ortschaft in denen sie getanzt wurden, und sie unterschieden sich zusätzlich auch meist in den Farben und Stilen der Kostüme. Der älteste der bekannten russischen Tänze ist der »Chorowod«, ein Gruppentanz im Kreis oder in der Linie. Besondere Tänze für die Männer, in denen sie ihre Kraft, Ausdauer und technisches Können zeigen wie z.B. hohe trickreiche Sprünge, Drehungen und endlos anhaltende Kniebeugen gehören wie selbstverständlich dazu, während die Frauen mit erdgebundenen und sanft dahingleitenden Bewegungen oder schnellen und temperamentvollen Schritten einen anderen Tanzstil zeigen. Witz, Humor und Freude am Minenspiel gehört zu allen Tänzen und darüber hinaus sind sie bekannt für Ausdruck und Gefühl.
Der Tanz gehört in Rußland zum täglichen Leben aller Bevölkerungsgruppen, und daher sind der Gelegenheiten viele zu denen getanzt wird. Allein schon

durch die täglichen Übungen unterliegt es kaum einem Zweifel, daß die Russen zu den begabtesten Tänzern gehören. Der hier beschriebene »Trepak« ist ein russischer Tanz im 2/4-Takt und er stammt aus dem Ballett »Der Nußknakker«, Musik von Peter Tschaikowsky, nach der literarischen Vorlage von E.T.A. Hoffmann. Die Choreographie ist von Lew Ivanow. Die Uraufführung erfolgte am 18. Dezember 1892 vom Kaiserlichen Russischen Ballett im Marinski-Theater in St. Petersburg, dem heutigen Leningrad.
Dieses Werk gehört zum Repertoire des klassischen Balletts jeder guten Ballettkompagnie und ist weltweit bekannt. In den USA werden während der Adventswochen weit mehr als 100 Aufführungen täglich überall im Lande von den zahlreichen »Civic Ballets« (Städtischen Balletten) angeboten. Der »Trepak« gehört in den 2. Akt des Ballettwerkes mit dem Szenenbild »Im Reich der Süßigkeiten«. Eine große Anzahl verschiedener Choreographien sind für diesen Tanz bereits geschaffen worden. Die hier beschriebene Fassung ist für einen besonders befähigten männlichen Solisten geeignet.
Der zweite besprochene Tanz ist der »Kazanski Tatari«, ein Volkstanz aus dem Siedlungsgebiet der Tartaren. Es ist ein komischer Tanz im 2/4-Takt für zwei Mädchen und zwei Männer. Die Männer, in ihren besten Sonntagsanzügen, treffen auf zwei Mädchen und versuchen, sie mit ihren tänzerischen Fähigkeiten für sich zu gewinnen. Die Mädchen täuschen vor, ganz angetan zu sein und verlassen dann plötzlich die Bühne, während die beiden Jungen nun versuchen, einander mit allen möglichen Sprüngen und Schritten zu übertrumpfen, bevor sie merken, daß sie die Mädchen längst allein gelassen haben.

RUSSISCHER TANZ

TREPAK

Musik: *Peter Tschaikowsky*
Choreographie: *Jürgen Pagels*
Solotanz aus dem Ballett »Der Nußknacker«

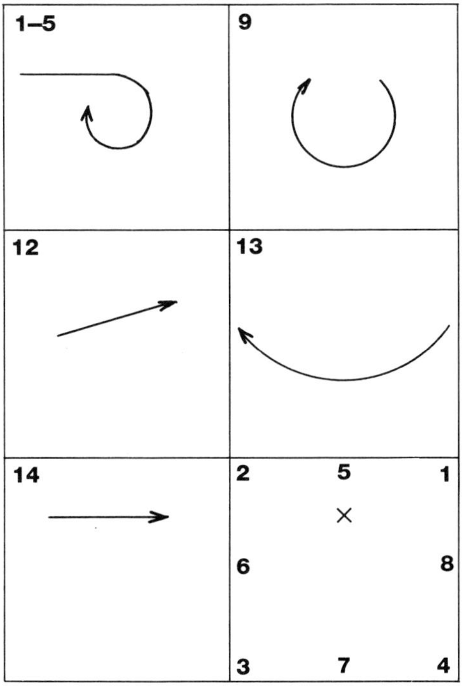

-1- 2/4-Takt

	Auftritt von Richtung 2 in Richtung 1:	Hände in Hüftposition
1 Takt/Akk.	Trete auf rechten Fuß effacé in demi-	Öffne Arme zu a la
1	plié (stark auftreten), schleife linkes	seconde mit offenen
	Bein croisé devant demi-en l'air, trete	Handflächen.
und	auf links zur 4. Position devant;	Arme werden über der
(1)		Brust gekreuzt.

2	trete auf rechts zur 4. Position devant, (laufende Schritte)	
und	linkes Bein zur 4. Position devant.	Öffne Arme weit in à la seconde mit offenen Handflächen.

-2-

1 Takt	Links auftreten, dabei rechtes Bein zu croisé devant vorschleifen, etc.	
(1) 1 und 2	Wiederhole wie in 1. Setze die Bewegung mit den gleichen Schritten in Richtung 1 fort und dann im Halbkreis über Richtung 7 zur Raum- oder Bühnenmitte.	
4 Takte	1 wird insgesamt viermal ausgeführt.	

-3-

4 Takte	6 Laufschritte, angefangen mit rechts, dabei werden die Fersen nach hinten hochgeschlagen, dann rechts, links, rechts aufstampfen.	Arme über der Brust gekreuzt.

-4-

4 Takte	Wiederhole 1 und 2 zweimal.

-5-

4 Takte	Wiederhole 3.

-6-

	2 Takte		
(1)	1+2	»Prissadhka«: gehe in tiefe Kniebeuge,	Arme über der Brust gekreuzt.
(2)	1+2	6. Position und bringe die Beine beim Aufstehen gestreckt in die 2. Position, nur die Fersen berühren den Boden.	Arme öffnen sich à la seconde.
	2 Takte	Wiederhole obiges einmal.	

-7-

	4 Takte	6. Position, dann grand plié und hebe das rechte Bein mit angewinkeltem Knie in croisé devant vor links, alles im grand plié;	Schlage die rechte Ferse mit der linken Hand, die rechte Hand ist en
(1)	1 2		

(2) 1	rechtes Bein wieder zur 6. Position	haut und leicht derrière.
2	grand plié zurück, hebe das linke Bein croisé devant vor das rechte.	Schlage linke Ferse mit der rechten Hand, während die linke leicht rückwärts und en haut gehoben wird.
(3, 4)	Wiederhole noch zweimal.	

-8-

2 Takte	Prissadhka in kleine 2. Position und	Öffne die Arme in à la seconde.
2 Takte	mit dem nächsten Prissadhka eine Pirouette en dedans auf rechts aus der Kniebeuge und mit eingedrehtem Knie.	Arme vor der Brust kreuzen.
4 Takte	Wiederhole alles links und rechts und füge ein Prissadhka hinzu, danach stampfe mit rechts, links und rechts auf.	

-9-

12 Takte	Kreis über die Richtungen 1-8-4-7-3-6 zur Raum- oder Bühnenmitte:	
	»Watscheln« (in tiefer Kniebeuge) über den Boden:	Arme vor der Brust gekreuzt.
	In 6. Position grand plié bringe das linke, abgebogene Bein in rond de jambe à terre über à la seconde vor das rechte Standbein in grand plié, nun bringe das rückwärtige rechte Bein in der gleichen Weise vor.	

-10-

4 Takte	Aufstehen und vier Schritte zur Mitte;	
(1) 1	rechte Ferse devant,	Linker Arm vor der Brust. Rechter Arm à la seconde.
und	ganzer Fuß am Boden und	
2	hebe linkes Bein, abgebogen vom Knie en arrière.	
	Demi-plié auf rechts.	

(2–4)	Wiederhole mit linkem Fuß und dann mit rechtem Fuß; aufstampfen mit links, rechts, links in 6. Position demi-plié.	Umgekehrte Armposition. Umgekehrte Armposition. Arme öffnen en avant über en bas, Handfläche in »offerierender Geste«.

-11-

4 Takte (1) 1+2	In grand plié 6. Position ein »Rastiazka«: Springe aus der 6. Position hoch und öffne die gestreckten Beine und Füße zu effacé oder à la seconde.	Arme über der Brust gekreuzt. Den Oberkörper so weit wie möglich vorbeugen, die Arme parallel zu den Beinen, während die Fingerspitzen die Zehen berühren.
(2) 1+2	Aufkommen in grand plié 6. Position, dann ein wenig hochkommen, so daß dies einen kleinen »Hopser« ergibt, dabei auf halber Spitze.	Arme über der Brust gekreuzt.
(3, 4)	Danach sofort ins tiefste grand plié zurück und den Sprung wiederholen und aufkommen wie zuvor.	Arme wie oben.

-12-

2 Takte (1) 1+2	Körper leicht nach Richtung 8 gedreht und hoher Sprung mit beiden Beinen, abgebogen im Knie in en	Arme en haut werfen und weiter en arrière, während sich der

		arrière. Knie zusammen und Zehen gestreckt.	Oberkörper weit zurückgebogen (à la soubresaut).
(2)	1+2	Aufkommen in demi-plié und dann vier Laufschritte zur Ecke in Richtung 1.	

-13-

	8 Takte	Radschlag in grand plié über rechts im Halbkreis nach Richtung 2:	
	1	Tiefes grand plié in 6. Position mit geschlossenen Knien und dem Körper vorwärts und nach rechts gebeugt.	Rechte Hand zum Boden führen, um den Körper zu unterstützen.
(1)	und	Setze die Drehung in grand plié auf halber Spitze über en dehors fort, den Oberkörper stark zurückgebogen.	Rechte Hand unterstützt den Körper am am Boden.
	2	Führe den Radschlag am Boden ganz durch.	Linke Hand unterstützt den Körper am Boden.
	2.–8. Takt	13 insgesamt achtmal am Boden durchführen, das letzte Rad zur Bühnenecke in Richtung 2.	

-14-

	4 Takte		
(1)	1	6. Position, grand plié in Richtung 8 und in der folgenden Bewegung zur Bühnenmitte:	Arme vor der Brust gekreuzt.
	2	Aufstehen in demi-plié auf rechts, linkes Bein stößt wie in frappé vor.	

(1) 1	Zurück in grand plié 6. Position, auf halber Spitze.	
2	Ins demi-plié aufstehen auf links, frappé en avant mit rechts.	
3. Takt 4. Takt	Wiederhole das ganze mit links und rechts, viermal insgesamt.	

-15-

4 Takte	Bleibe in 6. Position grand plié in Richtung 5: »SCHUSTER-Schritt« en avant demi en l'air:	Oberkörper vorgebeugt.
(1) 1	Ohne aufzustehen strecke das rechte Bein en avant, während das linke in grand plié auf halber Spitze bleibt,	
und	bringe das rechte Bein zurück in die 6. Position,	
2	strecke das linke Bein en avant.	
2.–4.Takt	Wiederhole noch dreimal, dann:	Die Arme öffen sich langsam à la seconde.

-16-

10 Takte	Vorwärtsfallen in 6. Position, grand plié, auf halber Spitze, und mache zehnmal die »Kaffeemühle«: Strecke linkes Bein in arabesque am Boden und bringe es dann à la seconde und en avant in rond de jambe.	Beide Arme unterstützen den Körper. Linke Hand heben und wieder absetzen (Bein passiert) Rechte Hand heben und wieder absetzen.

	Rond de jambe weiterführen über croisé devant, dann rechtes Bein kurz anheben, aber mit gebogenem Knie. Das linke Bein geht unter dem rechten vorbei und vervollständigt den Kreis. Wiederhole neunmal.	Körper gut vorgebeugt und von beiden Armen unterstützt.

-17-

1 Takt	Aufstehen en face und in 6. Position in Richtung 5, Füße leicht offen.	Arme en bas.

-18-

1Takt	Mit rechts, links und rechts leicht vorwärtskommend aufstampfen.	Arme über en avant und leicht à la seconde mit den Handflächen nach oben, öffnen.

Trepak

aus dem Ballett „Der Nußknacker" von P. I. Tschaikowsky

Tempo di trepak, molto vivace

sf
ff mf
ff
f
cresc.
ff
f
ff

ff
3
sf
3
sf
stringendo
sempre fff
prestissimo

KAZANSKI TATARI

Russischer Tanz für zwei Paare.
2/4-Takt, Musik: traditional.
Zwei Mädchen von der Ecke aus Richtung 4, gleichzeitig mit Beginn der Musik:

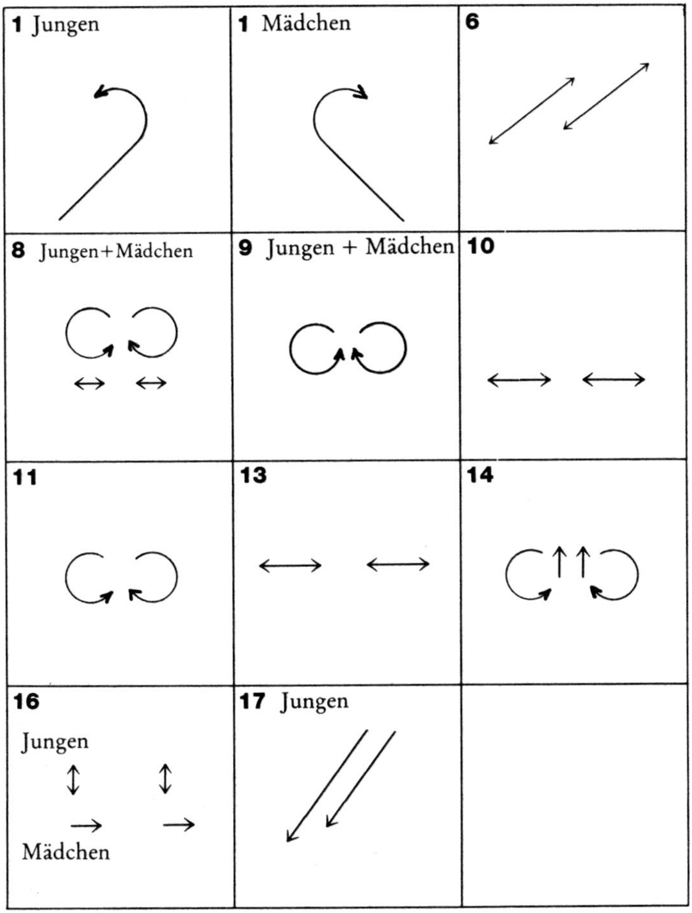

-1-

1 Takt 1 Takt 2 Takte	Pas de basque mit hoch angezogenen Knien, angefangen mit linkem Bein. Vier Laufschritte mit vorgebeugtem Oberkörper und die Fersen hinten anschlagen, leicht und flüssig.	Eingehakte Arme, Körper zurückgelehnt. Köpfe zueinander gedreht wie in einer Unterhaltung.

-2-

12 Takte	Wiederhole 1 dreimal, und auf den letzten Takt stampfe rechts, links, rechts auf.	Öffne Arme demi à la seconde.
	Zwei junge Burschen beginnen von der Ecke aus Richtung 3 im Kreis über Richtung 5 nach 7; nach den ersten 16 Takten:	Eingehakte Arme.

Gleiche Schritte wie die Mädchen, aber die Knie wesentlich höher gehoben, kraftvoller. Die Laufschritte mehr seitlich nach rechts und dann nach links, und vier Laufschritte, aber schwerer auftreten.

Die Hände halten die Westenaufschläge, Körper stolz nach hinten geworfen.

Wiederhole 1 dreimal und stampfe mit den Füßen rechts, links, rechts auf und komme mit dem letzten Schritt auf der letzten Note der Musik neben die Mädchen.

Arme in demi à la seconde öffnen.

-3- *Mädchen*

(Während sie auf die Jungen warten): In 1. Position mit den Zehen offen und in demi-plié.

1 Takt auf der linken Ferse so drehen, daß die Zehenspitzen nach innen kommen, dabei gleichzeitig auf den rechten Zehen so drehen, daß die rechte Ferse auswärts kommt. »Big Apple« Schritt oder »Gormoshka«: eine Harmonika.

Hände in der Hüftposition

1 Takt Wiederhole den Schritt.

2 Takte Jedes der Mädchen schaut über die äußere Schulter nach den eintreffenden Jungen aus. Ein Mädchen bewegt sich nach rechts, das andere nach links.

-4-

4 Takte Wiederhole 3 einander entgegenkommend.

-5-

8 Takte	Widerhole 3 und 4 auseinandergehend und nicht mehr einander ansehend.	

-6-

Zusammen 1 Takt	Walzerschritt mit gehobenen Knien; ein Paar nach Richtung 1, das andere in Richtung 3 (oder aber nach 8 und 6)	An den Ellbogen eingehakt. Die Mädchen zwischen den Jungen in der Mitte.
1 Takt	Mit dem nächsten Walzerschritt machen die Mädchen eine halbe Drehung vor den Jungen und kommen zur anderen Seite.	Arme voneinander lösen. Arme wieder einhaken.
1 Takt	Walzerschritt nach Richtung 3 (1)	
1 Takt	Walzerschritt mit halber Drehung der Jungen.	
12 Takte	Wiederhole das ganze noch dreimal.	

-7- *Jungen*

8 Takte	Von 6. Position: Grand plié mit halbgeöffneten Knien, Füße zusammen	Hände in Hüftposition
(1) 1	und auf halber Spitze.	
(1) 2	Hebe im grand plié das rechte Bein croisé devant.	Mit der linken Hand an der rechten Fußsohle anschlagen, rechter Arm en haut.
(2) 1	Leichter Hüpfer im grand plié in 6. Position.	Arme öffnen sich à la seconde.
(2) 2	Hebe das linke Bein vom Knie im demi plié croisé devant.	Mit der rechten Hand die linke Fußsohle schlagen, linker Arm en haut.

3.–6. Takt	Wiederhole 7 noch viermal.	
7.–8. Takt	Die Jungen stehen nun auf mit einer Pirouette en dedans und eingedrehtem Knie, linkes (rechtes) Bein angehoben und stampfen dann dreimal, links, rechts, links auf.	Vorbereitung für die Pirouette. Arme vor dem Körper schließen. Arme öffnen sich à la seconde.
	Mädchen:	
8 Takte	Zur gleichen Zeit, während die Jungen obiges ausführen:	Arme in Hüftposition.
(1) 1	Pas de bourrée; rechtes Bein zu demi à la seconde öffnen, während das linke Bein in ein demi-plié geht.	Die Jungen, die vor ihnen tanzen anschauend.
und	Rechtes Bein kommt zum linken zurück in 6. Position und halber Spitze, während das linke Bein den Boden verläßt.	
2	Stelle linkes Bein neben rechtes.	
2. Takt	Wiederhole zur anderen Seite.	
3.–7. Takt	Wiederhole noch fünfmal, dann	Öffne Arme à la seconde.
8. Takt	rechts, links, rechts aufstampfen.	
3 Takte	Jungen und Mädchen in der Diagonale aneinander vorbei: rechtes (linkes) Bein à la seconde mit nur der Ferse am Boden, Zehen ausgestellt, das andere Bein im demi plié. Gewicht auf rechte (linke) Ferse verlagern und linkes (rechtes) Bein in demi-plié zum rechten bringen. Wiederhole fünfmal, dann drehe auf rechter (linker) Ferse eine Pirouette en	*Jungen:* Hände auf dem Rücken, *Mädchen:* Hände im Nacken
1 Takt	dedans.	Arme en avant
4 Takte	Das gleiche zur anderen Seite, ohne Pirouette, anstatt rechts, links, rechts aufstampfen.	Arme à la seconde

-8-

Jungen		
16 Takte	In die entgegengesetzte Richtung gewandt:	Hände hinter dem Rücken.
(1) 1	Sprung auf rechts (links) und im demi-plié aufkommen.	
2	Mit linkem (rechten) Bein in 2. Position aufstampfen und dabei eine halbe Drehung ausführen; den gleichen Schritt in der gleichen Richtung wiederholen, zwölfmal insgesamt.	
4 Takte	Dann vier Laufschritte und temps levé zum Partner in Richtung 7.	
	Mädchen:	
	6. Position.	Hände in Hüftposition.
16 Takte		
(1) 1	Springe in 2. Position,	
2	mit einem weiteren sauté rechtes Bein en arrière in coupé.	
4 Takte	Diesen Schritt insgesamt zwölfmal ausführen, dann zu den Jungen in Richtung 7 laufen.	
-9-	***Zusammen:***	
	Wiederhole 1 zweimal.	
16 Takte	Das dritte Mal lediglich ein pas de basque und 12 Laufschritte; ein Paar läuft über Richtung 5-2-6 zur Mitte, das andere Paar umgekehrt.	
-10-	***Zusammen:***	
16 Takte	Seitliche Bewegung in einer Linie von Richtung 6 – 8 oder 8 – 6.	

Jungen:

zählen:	In 6. Position: ein kleines temps levé auf links, während der rechte Fuß zum linken Knie gehoben wird, das rechte Knie ist croisé devant gedreht;	Körper nach Richtung 2 gewandt, nach links schauend, linker Arm en avant vor der Brust, der rechte à la seconde, dabei eine Faust machen.
1	das rechte Bein geht am linken herunter; am Knöchel angekommen geht es zur 2. Position, lediglich die die Ferse berührt den Boden, das Bein ist auswärts gedreht.	Körper nach Richtung 1 wenden, die Arme wechseln zur gleichen Position auf der anderen Seite, Blick nach rechts.
(1) und	Trete mit dem linken Bein neben das rechte;	Drehe den Körper wieder nach Richtung 2 und bewege die Arme entsprechend.
2	rechtes Bein vom Boden heben.	
und	Fortsetzung mit kleinem temps levé (sauté) und dabei das rechte Bein wie zuvor in à la seconde bringen.	
2.–8. Takt	Schritt 10 siebenmal ausführen und dann dreimal am Platz aufstampfen.	
9.–16. Takt	Wiederhole in entgegengesetzter Richtung.	

Mädchen:

Zur gleichen Zeit wie die Jungen: »gormoshka« wie in 3 siebenmal und dann dreimal aufstampfen. Wiederhole in entgegengesetzter Richtung.

-11- *Zusammen:*

Jungen: 8 Takte	Wiederhole 7 zweimal im Kreis auswärts (achtmal in Kniebeuge)
Mädchen:	Wiederhole 7 (für Mädchen)

-12- *Jungen:*

		6. Position	Arme vor der Brust gekreuzt.
	8 Takte		
(1)	1 und 2	Temps levé zweimal auf linkem Bein, während das rechte Bein vom Knie hochgehoben wird.	Linker Arm en haut, während die rechte Hand das rechte Knie zweimal schlägt.
(2)		Wiederhole das gleiche mit dem anderen Bein.	Umgekehrte Armposition.
(3)	1	Nunmehr abwechselnd mit rechtem Knie gehoben und temps levé auf links.	Linker Arm en haut, mit rechter Hand anschlagen.
	2	Hebe linkes Knie mit temps levé auf rechts.	Rechter Arm en haut, mit linker Hand anschlagen.
(4)	1	Hebe rechtes Knie mit temps levé auf links.	Linker Arm en haut, mit rechter Hand anschlagen.
	2	Hebe linkes Knie mit temps levé auf rechtem Bein.	Rechter Arm en haut, mit links anschlagen.
(5)	1 und	Hebe rechtes Knie mit temps levé	Linker Arm en haut, schlage rechtes Knie zweimal.
	2	zweimal auf linkem Bein.	
↓	1	Hebe linkes Knie,	Rechter Arm en haut,

und 2 und	temps levé zweimal auf rechtem Bein; linkes Knie anheben und temps levé einmal auf linkem Bein;	Knie zweimal mit linker Hand schlagen. rechte Hand schlägt einmal das rechte Knie.
7) 1 und 2	Hebe linkes Bein und temps levé einmal auf rechts;	Rechter Arm en haut, linkes Knie wird mit linker Hand einmal geschlagen.
8) 1 und 2	Dreimal aufstampfen: links, rechts, links.	Öffne Arme mit offenen Handflächen demi devant.

Mädchen:

	»Gormoshka« wie in 3.	
8 Takte	Viermal nach rechts, drei nach links und dreimal am Ende aufstampfen.	Arme hinter dem Rücken kreuzen.

-13- *Zusammen:*

	Wiederhole 6, Walzerschritt,
16 Takte	das rechte Paar in Richtung 2, das linke Paar nach Richtung 1: zweimal vor und zweimal zurück. Zurück zu den Ausgangspositionen und dann Wechsel in der Richtung: rechtes Paar in Richtung 3 zweimal vor und zweimal zurück; linkes Paar Richtung 1, zweimal vor und zweimal zurück.

-14- *Jungen:*

16 Takte

Wiederhole pas de basque wie 1, im Kreis über Richtung 1 nach hinten in Richtung 7 (12 pas de basques).

Mädchen:

Das gleiche aber über Richtung 2 im Kreis. Treffpunkt mit den Jungen in Richtung 7. Dann vorwärts zusammenkommend in Richtung 5 mit drei pas de basques und dreimal aufstampfen.

-15- *Jungen:*

8 Takte

In tiefes grand plié und in Kniebeuge gehen (watscheln), jeder für sich einen Kreis machend, auf 7. Takt aufstehen und dreimal auf 8. Takt aufstampfen.

Mädchen:

Pas de bourrée à la seconde wie in 7 (Die Jungen umkreisen die Mädchen für 8 Takte wie in 12).

Beide Arme schwingen über en bas nach rechts und dann zur linken Seite.

-16- *Jungen:*

16 Takte

1 (1)↓

Tiefes plié in 6. Position, die Knie leicht geöffnet.

Arme über der Brust gekreuzt.

2	In die 2. Position aufstehen, lediglich auf den Fersen stehend.	Öffne Arme à la seconde, Handflächen offen.
(2) 1	Wieder tiefes plié.	Arme über der Brust kreuzen
2	Pirouette en dedans beim Aufstehen.	Arme schließen en avant.
	Wiederhole für 16 Takte und dreimal aufstampfen.	Arme öffnen.
	Mädchen:	
	Pas de basque rechts, links und rechts und links nochmals, dann nach den Jungen sehen, Köpfe zusammenbringen wie in einer Unterhaltung. Mit dem Zeigefinger auf die Jungen zeigen, lachen – dann in Richtung 8 von der Bühne laufen.	Arme öffnen und schließen oder in den Nacken legen.

-17- *Jungen allein*

16 Takte	Wiederhole 7 viermal, danach tiefes plié und mit Pirouette en dedans aufstehen, wiederhole noch dreimal – nach den Mädchen sehen, suchen; sie merken, daß die Mädchen weggelaufen sind, aufstampfen in Protest und etliche Charakter-Pirouetten en dedans, dann den Mädchen im Abgang folgen in Richtung 3 – zur falschen Seite.	

Kazanski Tatari

Aufgezeichnet von Karlo Radinger, 1951
Klavierfassung von Jürgen Pagels

CSÁRDÁS

Der Csárdás (*ungarisch:* csárda = Dorfschenke) ist ein Tanz, der als ungarischer Nationaltanz bezeichnet wird und sich im 19. Jahrhundert aus dem spätmittelalterlichen Heiduckentanz entwickelt hat und wohl ursprünglich zu besonderen Anlässen in den Gasthäusern getanzt worden ist. Er steht im 4/4- und 2/4-Takt mit dem langsamen »Lassù« oder »Lezan« und dem schnellen »Friska«- oder »Gyors«-Teil. Der Fremde wird es schwer finden, Chrakter, Temperament und die Schwierigkeit der Schritte zu meistern. Schläge mit den Fersen, Stampfer, Kniebeugen und schnelle Drehungen wechseln einander ständig ab. Es ist ein äußerst temperamentvoller Tanz mit den kräftigen, schwungvollen und mutigen Bewegungen der Männer, im Gegensatz zu den zierlichen, weichen und flüssigen kleinen Schritten der Mädchen, während sie mit den Männern flirten, um dann genauso temperamentvoll mit ihnen weiterzutanzen. Nur selten sieht man eine bestimmte Raumaufteilung oder Choreo-

graphie; der Tanz bewegt sich meist vor und rückwärts oder auf der Diagonale, dagegen weniger oft im Kreis.

Im Ballett »Coppelia« folgt der Csárdás auf die Mazurka im 1. Akt und »Franz«, die männliche Hauptfigur des Ballettes tanzt den Csárdás in den meisten Choreographien zusammen mit den Paaren.

CSÁRDÁS

(Ungarischer Tanz)
aus dem Ballett »*Coppelia*«, 1. Akt
Choreographie: *Jürgen Pagels*
Musik: *Leo Delibes*
4/4-Takt: »Lassù«
2/4-Takt: »Friska«

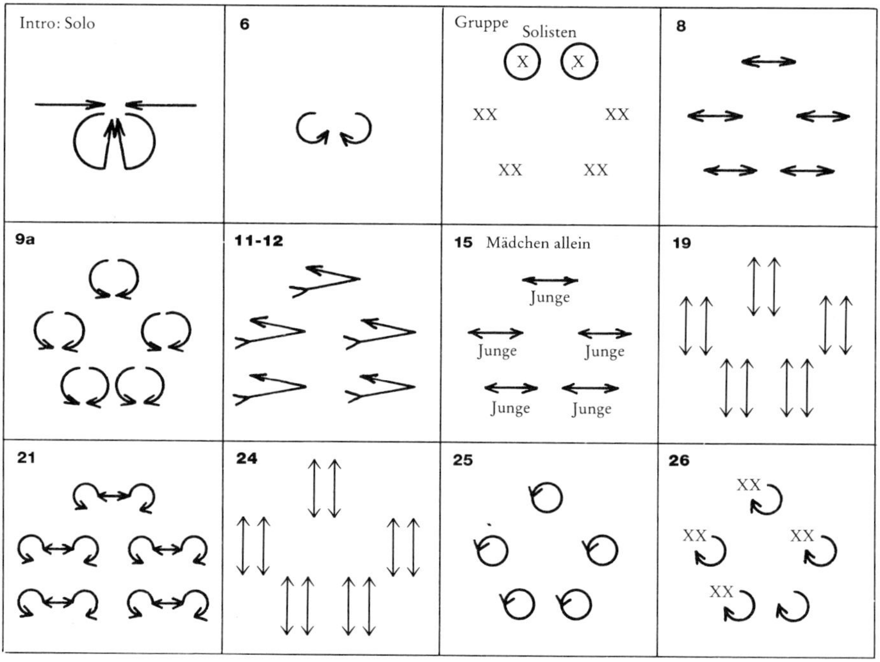

Ein Solisten-Paar und vier Paare (oder mehr) für die Gruppe.

Einleitende Musik: 4/4-Takt 7 Takte	Von Richtung 6 oder 2: *Solotänzer:* Mit rechts temps levé devant, chassé in Richtung 5, wiederhole chassé mit links, failli mit rechtem Bein,	Rechter Arm en avant, linker à la seconde und umgekehrt.
	hoher Sprung mit angezogenen Knien, aufkommen in 6. Position und aufstampfen rechts, links, rechts.	Beide Arme rückwärts und en haut. Arme öffnen sich in demi à la seconde.
	Von Richtung 8 oder 1: *Solotänzerin:* Wiederhole die obigen Schritte und treffe mit dem Partner in Richtung 5 zusammen. Solotänzer geht über Richtung 2 zurück und durch die Mitte nach vorn, Solotänzerin über Richtung 1 zurück und durch die Mitte nach vorn. Beide winken den auftretenden Paaren zu, die sich im Halbkreis um die Solisten aufstellen.	

-1-

	Solisten:	6. Position	Arme à la seconde, Handflächen offen.
(1)	1	Springe auf linkes Knie mit Gesicht in Richtung 8,	Linker Arm en avant.
		rechtes Bein en avant, linkes en arrière, 4. Position (Abb. 79).	Rechter Arm en haut.
	2 3, 4	Sofort aufstehen und Füße zur 6. Position.	Arme offen in à la seconde, Handflächen offen.

79

80

-2-

(1)

Trete mit rechts croisé devant in Richtung 2. Stoße den linken Fuß wie in einem frappé effacé devant, indem der Fuß das rechte Bein in 6. Position parallel passiert (Abb. 80).
Bringe den linken Fuß in gleichartiger Bewegung schnell vor den rechten Fuß zurück, dabei führt die Ferse die Bewegung an (Abb. 81).
Stoße den linken Fuß nun croisé devant nach Richtung 1 während der Körper sich ebenfalls in die gleiche Richtung wendet und bringe den Fuß zurück zu effacé, dabei vorbei am anderen Fuß in 6. Position, Ferse führend und linkes Knie ausgedreht; bringe den Fuß an die rechte Wade, rechter Fuß auf halbe Spitze und dann schließe beide zusammen, ein wenig geöffnet in 6. Position.

Linker Arm en avant, rechter à la seconde.

Gesicht in Richtung 2.

Rechter Arm en avant, linker zu à la seconde.

Kopf in Richtung 1

Arme à la seconde, Handflächen nach unten gedreht, Blick in Richtung 5.
Öffne Handflächen nach oben.

-3-

1 Takt		
und 1	Schnelles chaîné nach rechts auf das linke Knie, sofort in der gleichen	Linker Arm en avant, rechter à la seconde.
2	Position in entgegengesetzte Position auf das rechte Knie drehen,	
3	in Richtung 6, danach stehe auf in	A la seconde öffnen.
4	Richtung 5 gewendet in 6. Position. (Das Mädchen macht ein weniger tiefes plié).	

-3a-

1 Takt		
1	Rechtes Bein à la seconde, eingedrehtes Knie, Ferse gehoben, das	Die Handflächen drehen sich nach oben
2	linke Standbein in demi-plié auf	und unten bei jedem
(2) 3	halber Spitze. Fersen zusammenschlagen,	Fersenschlag.
4	bringe linkes Bein mit eingedrehtem Knie seconde und schlage die Fersen zusammen, wiederhole dann alles mit rechts.	

81

82

-4-

2 Takte	Wiederhole 1 und 2 nach links.	

-5-

1 Takt und	Kleiner Ansprung auf linkes Bein, frappé effacé devant mit rechts und,	Oberkörper gut vorgebeugt, Kopf gesenkt, linker Arm en avant, rechter à la seconde.
1	bringe rechtes Bein croisé devant nur mit den Zehen am Boden und über das linke Bein gekreuzt (Abb. 82).	
/2) und	Öffne beide Beine mit kleinem Sprung à la seconde, eingedreht und auf halber Spitze.	Gleiche Körperhaltung, Arme öffnen à la seconde. Handflächen nach unten.
2	Fersen in 6. Position auf halber Spitze zusammenschlagen.	Oberkörper aufrichten und Arme drehen, so daß die Handflächen nach oben schauen.
/2) 3, 4	Wiederhole 5	

-6-

1 Takt	Wiederhole 3a viermal in einem Kreis nach außen über links (rechts).	

-7-

8 Takte	Wiederhole 1–6 nun von der Gruppe ausgeführt.	

-8-

4/4-Takt (leicht schneller gespielt)

	»lussu« 2 Takte	6. Position.	Arme à la seconde, Handflächen offen.
	1	Mit ganzem rechten Fuß in 2. Position voll aufstampfen und parallel zum anderen Fuß,	Arme bleiben in à la seconde, Kopf nach rechts gewandt.
	und	setze den linken Fuß neben den rechten in 6. Position,	
	2	wieder mit rechts seitlich aufstampfen und bringe den linken	
1)	und	Fuß, stark betont aufgesetzt, neben den rechten –	
	3	nun mit links seitlich aufstampfen,	Arme bleiben offen, der Kopf wendet sich nach links.
	und	rechten Fuß neben den linken in 6. Position setzen.	
	4	Mit links à la seconde aufstampfen,	
	und	und rechten Fuß mit kräftiger Betonung neben dem linken in 6. Position aufstampfen.	Arme bleiben offen.
	1	Rechts aufstampfen in 6. Position.	
	und	Links aufstampfen in 6. Position.	
	2	Rechts aufstampfen in 6. Position.	
	und	Links aufstampfen in 6. Position.	
2)		Rechts aufstampfen in 6. Position.	
	3	Springe in effacé 6. Position Richtung 1 auf beide Füße.	Körper in Richtung 1 Linker Arm à la seconde
	und	Springe in effacé 6. Position Richtung 2 auf beide Füße.	Körper in Richtung 2
	4	Springe in effacé 6. Position Richtung 1 auf beide Füße.	linker Arm en avant, rechter à la seconde.

			Körper à la seconde. Körper nach Richtung 1, linker Arm seconde, rechter en avant.
	2 Takte	Wiederhole 8, zur linken Seite angefangen.	

-9-

	1 Takt		
	1	Trete auf den rechten ganzen Fuß à la seconde.	Rechter Arm en avant, linker à la seconde.
	und	stoße linkes Bein mit der Ferse über den Boden schleifend croisé devant.	
(1)	2	Trete auf linkes Bein leicht seitlich,	Linker Arm en avant, rechter à la seconde.
	und	stoße rechtes Bein mit Ferse über den Boden schleifend croisé devant.	
	3 und 4	Wiederhole beide Seiten.	

-9a-

1 Takt	Aus der letzten Bewegung heraus gehe einen kleinen Kreis über rechts, 6 kleine, schnelle Schritte, mit rechts angefangen und schließe in 6. Position.

-9b-

1 Takt	Wiederhole 5, zweimal mit rechts begonnen.

-10 / 11-

	1 Takt		
(1)	1 ↓	Trete auf linkes Bein mit leicht gebogenem Knie, rechtes Bein mit abgebogenem und gehobenem Knie croisé devant vor links.	Blick immer in Richtung des bewegenden Beines. Körper nach links

		geneigt, linke Hand schlägt rechten Fuß, dabei ist der rechte Arm in à la seconde.
und	Rechter Fuß à la seconde, die Ferse bildet den höchsten Punkt, Knie eingedreht.	Schlage die rechte Ferse mit rechter Hand, linker Arm à la seconde.
2	Rechtes Bein mit abgebogenem Knie croisé derrière hinter dem linken Bein.	Schlage den rechten Fuß mit der linken Hand, rechter Arm à la seconde.
und	Rechtes Bein mit abgebogenem Knie effacé arrière, die Ferse bildet den höchsten Punkt.	Rechte Ferse von rechter Hand geschlagen, linker Arm à la seconde.
3 und 4	Trete zurück auf das rechte Bein, schließe das linke zum rechten und mache ein schnelles grand plié in 6. Position, öffne zur kleinen 2. Position beim Aufstehen. 10/11 ist sehr schnell, alle Bewegungen von 7 bis 11 sollten schnell durchgeführt werden!	Arm en bas. Arme öffnen sich à la seconde, Handflächen offen.

-12-

1 und (1)↓	Trete auf rechtes Bein effacé devant und führe ein sehr hohes développé mit links croisé in Richtung 1 aus, während das rechte Bein ins demiplié geht.	Linker Arm mit Hand in Hüftposition. Rechter Arm en haut.

-12a-

2	Trete auf linkes Bein und sofort auf rechtes Knie, linkes Bein in 4. Position en avant in Richtung 1.	Rechter Arm en avant und dann en bas, dabei wie in arabesque gehalten.
und	aufstehen und rechtes Bein zum linken in demi-plié (Abb. 83).	Öffne linken Arm à la seconde und rechte Hand hinter dem Kopf

-12b-

3	Vom linken Bein abgestoßen, bringe rechtes Bein à la seconde in demi-plié, dabei wird das linke Bein vom Boden gehoben und dann neben das rechte gestellt (Abb. 84).	Drehe die Handfläche vom linken Arm herunter und wieder aufwärts.
und	Wieder vom linken Bein abstoßen und rechtes Bein in à la seconde, demi-plié bringen.	Arme wie zuvor.
4	Trete mit links über rechts croisé devant und bringe die rechte Ferse schnell seitlich hoch mit eingedreh-	Öffne Arme à la seconde, Handflächen abwärts.

83

84

	tem Knie und schlage dann die Fersen zusammen.	Handflächen nach oben.
2. Takt	Wiederhole 12, 12a und 12b vollständig und nach links, dabei leicht in Richtung 2 (écarté).	

-13-

1 Takt	Der Partner zur linken stampft mit rechtem Bein in 4. Position en avant auf, in Richtung 8 (Abb. 85).	Linker Arm en haut; rechter en avant geöffnet, Handflächen nach oben und in Richtung 8 zum Partner: »die Hand anbieten«.
1) 2	Der Partner auf der anderen Seite führt die gleiche Bewegung aus.	Wiederhole die Armbewegung in entgegengesetzter Richtung und ergreife die Hand.
3	Das Mädchen dreht sich in den Arm des Partners mit chaîné.	
4	Das Mädchen dreht sich aus dem Arm des Partners, steht dann seitlich von ihm.	

85

-14-

1 Takt	Wiederhole 5 – jeder Tänzer dreht sich in die entgegengesetzte Richtung – über die Außenseiten dreimal und dann mit großem Schritt in die 6. Position zurück. (Männer) Mädchen vorwärts.	
	Die Männer entfernen sich lässig von den Mädchen zur Bühnenseite.	Hände hinter dem Rücken – entspannt.

-15- 2/4-Takt »friska«

2 Takte	*Mädchen:* Füße in 6. Position: Fersen zusammen: Richtung: zur rechten Seite (Abb. 86).	Arme von en bas à la seconde heben, dann en haut und hinter den Kopf falten.
4 Takte		
1	Fersen heben und nach rechts aufsetzen.	Körper leicht in Richtung 2 wenden
(1) und 2	Zehenspitzen anheben und nach rechts bringen, am Boden absetzen,	Körper leicht nach Richtung 1 drehen.

86

	(wiederhole noch dreimal – die Knie bleiben zusammen).	Hände bleiben hinter dem Kopf.
4 Takte		
1	Springe von links auf rechts mit hohem pas de basque und hoch gehobenen Knien,	Arme in à la seconde öffnen, Handflächen offen.
(1) und	setze linkes Bein neben das rechte in 6. Position, halbe Spitze.	
2	Hebe rechtes Bein kurz und setze es neben das linke,	
	Wiederhole pas de basque nach links, dann wieder nach rechts und links.	Die Hände gehen hinter den Kopf.
4 Takte	Wiederhole den Schritt nach links, wie in den ersten vier Takten von 15.	Arme öffnen sich à la seconde.
	Wiederhole den Schritt nach links und drehe den Körper so, wie in den zweiten vier Takten von 15, daß die Partner sich gegenüberstehen, in Richtung 8 (6). Die Männer haben die Mädchen beobachtet und treten bei dem letzten pas de basque der Mädchen wieder zu ihnen.	Hände in die Hüftposition.

-16-

4 Takte	6. Position: demi-plié	Arme gesenkt en bas,
1	auf links, dabei wird rechts mit eingedrehtem Bein demi en l'air à la seconde ausgeschliffen (Abb. 87).	dann schwinge beide Arme zur rechten Seite.
und	Bringe rechtes Bein zur Ausgangsposition neben das linke zurück, hebe linkes Bein dann kurz vom	
(1)	Boden und	

87

88

2	setze es in 6. Position ab (Abb. 88).	Arme gehen en bas.
	Wiederhole nach links.	Schwinge Arme zur linken Seite.
2. Takt	Wiederhole nach links.	Schwinge Arme zur linken Seite, dann auf die Schultern des Partners.
3. Takt	Wiederhole nach rechts.	
4. Takt	Wiederhole nach links.	

-17-

	4 Takte	*Männer*
	1	Springe mit beiden eng zusammengehaltenen Füßen in 6. Position vorwärts nach Richtung 1 in die 6. Position,
(1)	und	springe zur Ausgangsposition zurück;
	2	springe in gleicher Weise nach Richtung 4;
	und	springe wieder zur Ausgangsposition zurück.
	1	Springe wieder in 6. Position vorwärts nach Richtung 1,
(2)	und	
	2	zurück zur Ausgangsposition.
	3.+4. Takt	Wiederhole nach Richtung 4.

-18-

8 Takte	Wiederhole 16 und 17. *Mädchen:* Die obigen Schritte alle in entgegengesetzter Richtung.	

-19-

7 Takte	Bringe das rechte Bein mit ausgedrehtem Knie auf halbe Spitze hinter das linke und mache dabei einen kleinen »Rutscher« auf links. Nun bringe linkes Bein hinter rechtes in halber Spitze mit ausgedrehtem Knie und rutsche leicht auf dem rechten Bein. Wiederhole noch viermal in Richtung 7 rückwärts. Nun mit gleichem Schritt in Richtung 5 vorwärts und siebenmal wiederholen.	Arme öffnen sich à la seconde, Handflächen offen, die Arme bewegen sich allmählich von à la seconde nach en avant und die Handrücken nach oben. Der Oberkörper ist vorgebeugt. Arme zurück zu à la seconde, Handflächen geöffnet.

-19a-

4 Takte	Kleines temps levé auf links, dabei rechtes angehobenes Bein über dem demi passé croisé devant, aufstampfen, rückwärtiges Bein abheben und einmal aufstampfen; nun nochmals leichtes temps levé auf links, bringe rechtes Bein über demi-passé abgehoben, croisé derrière hinter linkes Bein und stampfe mit rechtem Bein croisé devant auf (Abb. 89–90). Wiederhole alles, dann:	Rechter Arm en avant, linker hinter dem Rücken abgebogen. Linker Arm geht croisé devant in en avant position, rechter Arm über à la seconde en haut hinter den Kopf.

89

90

-20-

Männer:

in 4. Position seitlich von den Mädchen, aber in deren Blickrichtung. — Mit den Händen unter die Röcke der Mädchen schlagen.

Mädchen:

4 Takte	Drehen sich über rechts auf der Stelle schnell herum.	Arme in Hüftposition oder à la seconde und langsam en haut gehoben.
8 Takte	Wiederhole 19a und 20.	

-21-

4 Takte	»Cou-de-talon« (nicht mit einer kleinen Kapriole zu verwechseln!)	
	Trete mit links croisé über rechts, springe seitlich nach Richtung 1 in écarté und schleife mit linkem Fuß über den Boden, und bringe dabei rechtes Bein in demi à la seconde eingedreht; schließe mit linkem Fuß zum rechten in 6. Position.	Arme en bas gekreuzt, über die linke Schulter sehen mit geneigtem Kopf, Arme à la seconde geöffnet. Arme en bas.

Trete mit links wieder croisé devant über rechts, springe geschliffen seitlich, wobei sich das rechte Bein leicht seitlich öffnet.
Der linke Fuß rutscht seitlich (wie zuvor) über den Boden und schließt

Wiederhole die Armbewegung.

91

92

	mit dem rechten Bein zusammen in 6. Position (Abb. 91 und 92). Wiederhole zweimal.	

-22-

4 Takte	Trete auf rechts, leichtes temps levé auf rechts, öffne linkes Bein ein wenig und schlage die Fersen in einer kleinen Kapriole seitlich mit gestreckten Beinen, Füße angehoben, wiederhole und dabei einen Kreis beschreibend. Weitere zwei Kapriolen in einem weiteren Kreis über rechts. (»Holubetz«)	Der linke Arm ist außen und en haut, der rechte in der Hüfte oder mit dem Ellbogen des Partners eingehakt. Öffnen

-23-

8 Takte	Wiederhole 21 und 22 in Richtung 2, Bühnenvordergrund.	

-24-

7 Takte	Wiederhole 19 und 19a zur Ausgangsposition in der Bühnenmitte – (8 Schritte) und dann leicht rückwärts mit weiteren sieben gleichen Schritten.	

-25-

8 Takte	Zueinander: »Oborot« Zusammen für 8 Takte mit leichtem temps levé über rechts drehen, die	Arme um die Taille des Partners, die andere Hand en haut nach außen.

	Betonung liegt auf links, anhalten, die Richtung sofort wechseln und sechs temps levé mit Drehung über links.	Armposition wechseln

-26-

1 Takt	Die Männer halten an, die Mädchen machen ein chaîné zur Seite und gehen auf das rechte Knie herunter –	Linke Hand wird vom Partner gehalten,
1 Takt	seitlich und setzen sich hin, rechtes Bein gebogen, linkes am Boden ausgestreckt. Der Fall dieser Bewegung wird durch die Hand der Männer unterstützt, indem er ihre ausgestreckte Hand ergreift am Ende des chainés und sie somit weich am Boden absetzt. Schluß-Position: Mädchen am Boden, Männer in 4. Position mit rechtem Bein vorn devant und demi-plié, linkes Bein en arrière ausgestreckt.	rechte Hand nach hinten gestreckt und am Boden abgestützt. Linker Arm en arrière und en haut.

Czárdász

aus dem Ballett „Coppelia" von Leo Delibes

Die jungen Männer mischen sich unter die jungen Mädchen und gruppieren sich zum Tanz zu den alten Melodien des Landes.

ff
sfz
sfz
sfz
tr
tr
8va

marcato
molto rall.
marcato
Allegratto
p
leicht
p

belebter
ff

dim.
p
cresc
en
do

Presto
ff

KOLO/TATOVAC

Der Kolo (serbokroat. = Rad) ist ein jugoslawischer Nationaltanz im 2/4- oder 5/8-Takt (aber auch im 3/4-, 4/4-, 5/4-, 4/8-, 5/8-, 3/8-, 7/8-Takt). Er wird in allen Ländern des Balkan getanzt und oft sehr stark im Rhythmus akzentiert und synkopiert, somit recht schwierig für den Laien.
In den Balkanländern bezeichnet man mit »KOLO« einen Reihentanz, oft auch einen Kettentanz oder Chortanz.
Der Kolo ist einer der wenigen bis in die Gegenwart lebendig gebliebenen Sprungtänze Europas. Er wird auch heute noch in verschiedenen Ländern getanzt und je nach der Nationalität schnell oder langsam, mit gesanglicher und musikalischer Unterstützung und von Paaren oder Männern allein, vorgeführt.

Kreis und Linie sind die wichtigsten Richtungen der Bewegung, wenn auch hier und da unterschiedliche Muster und choreographische Formen zu Tage treten. Häufige Tempowechsel, Solis in der Mitte des Kreises und Pantomime sind wichtige Bestandteile.
Die Anlässe zur Aufführung des Kolo sind zahlreich und die Jugoslawen lieben diesen Tanz, gleich welcher Abstammung sie sind. Der hier beschriebene Tanz ist ein Hochzeitstanz für ein Paar, ein »TATOVAC« aus dem nördlichen Kroatien.

TATOVAC

(Ein kroatischer Hochzeitstanz)
Musik: traditional
2/4-Takt

	Beginne in der Bühnenmitte, der Mann an der linken Seite des Mädchens und deren Hände haltend.	
Einleitung: 4 Takte	Nach vorne gehen mit festgehaltenen Händen. Scheue Zurückhaltung von Beiden. Die Arme vor und zurück geschwungen, dabei einander ansehen und dann wieder scheu wegschauen. Abschluß in 6. Position.	

-1-

4 Takte	Beide treten nach rechts mit rechts, dabei tritt die Ferse zuerst in effacé auf. Schließe linken Fuß zum rechten in »coupé« derrière, demi-plié. Wieder auf rechten Fuß treten, den linken	Arme wie bei Einleitung.

Fuß vor den rechten mit dégagé en l'air und sofort die Ferse wieder zum rechten Fußknöchel in sur le cou-de-pied zurückbringen. (Ein frappé mit Betonung einwärts zum Standbein (Abb. 93).

-1a-

Trete auf linkes Bein und wiederhole die »frappé« Bewegung effacé devant nach rechts, danach trete wieder auf rechtes Bein und wiederhole nach links.

-2-

4 Takte Wiederhole 1 und 1a zur anderen (linken) Seite.

-3-

8 Takte Wiederhole 1 und 1a und 2, aber mit doppelter Anzahl der seitlichen

93

94

	Schritte und frappés in der gleichen, vorherigen Anzahl der Takte. Während des frappés soll sich der ganze Körper schütteln.	

-4-

8 Takte	Wiederhole 1, 1a und 2: der Mann geht nach rechts hinten, das Mädchen nach rechts vorne auf Richtung 1. Wechsle die Richtung der Schritte auf Richtung 2 (Abb. 94).	Arme im umgekehrten port de bras über seconde , en haut in die Hüfte mit dem ersten der jeweiligen seitlichen Schritte. Hände zur Faust geballt.

-5-

»Adler«-Schritt:	Trete auf rechte Ferse in die Richtung des Partners	Arme en haut, rechter Arm höher als linker.
16 Takte	Coupé hinten mit links.	
	Trete wieder auf rechtes Bein und mit dem linken ein einfaches soutenu en dedans (1/2 Drehung) in 1. Position dem Partner gegenüber.	Die Arme über en haut zu avant und en bas, Handflächen nach unten.
	Relevé in 6. Position und zwei leichte Sprünge auf halbe Spitze.	Beide Arme dem Partner entgegengestreckt, die Fingerspitzen berühren sich dabei fast.
	Demi-plié auf den dritten Schlag. Wiederhole zwei kleine Sprünge und demi-plié mit seitlicher Bewegung nach links, so daß die rechten	Arme gehen zurück in umgekehrten port de bras zur Hüfte, die Finger nach vorn.

95

96

Schultern beider sich gegenüberstehen (Abb. 95–96).
Wiederhole diesen gesamten Schritt dreimal (viermal insgesamt). Das letzte Mal mit den Händen dem Partner entgegengestreckt und die Hände dann gehalten. Die Hände des Mannes sind dabei unter denen des Mädchens.

-6-

16 Takte

Mann und Mädchen stehen einander gegenüber und machen eine Vierteldrehung mit festem Aufstampfen des linken Fußes, während das rechte Bein ein battement développé effacé devant ausführt, Mann in Richtung 7, Mädchen in Richtung 5. Die linken Schultern kommen zusammen. Rechtes Bein zum linken, dann auf linkes treten mit halber Drehung (pas de bourrée).

Der linke Arm ist voll ausgestreckt, der rechte mit angewinkeltem Ellbogen in Brusthöhe.

Grand battement développé mit linkem Bein, dabei kommen die rechten Schultern fast zu einer Berührung.

Die rechten Schultern beider berühren sich fast.

Wiederhole alles nach rechts und

97

dann wieder nach links (zusammen 4 grand battements développé und 3 pas de bourrée) (Abb. 97).

Beide legen ihren rechten Arm in Schulterhöhe über den rechten Arm des Partners, der linke Arm ist nach rückwärts hinter den Kopf gelegt oder nach außen en haut ausgestreckt.

Trete auf rechtes Bein in demi-plié, coupé mit links hinten, einander ansehen und dann gemeinsam mit insgesamt 8 rechts-links-coupé Schritten einen Kreis laufen, dabei den rechten Arm halten und zuletzt eine halbe pivot Drehung als Abschluß. Der Mann endet auf rechter Bühnenseite, das Mädchen auf der linken. Wiederhole 6 mit Abschluß des Mannes auf linker, des Mädchens auf rechter Bühnenseite.

Nach der letzten pivot Drehung bringt der Mann seine Hände wieder zur Taille des Mädchens, während sie ihre Hände auf seine Schultern legt.

-7-

4 Takte	Von beiden Füßen abspringen, dabei linkes Bein in eingedrehtem passé und dann wieder mit beiden Füßen in 6. Position aufkommen. Wiederhole dies zweimal. Mädchen auf halber Spitze und dann demi-plié; unterstützt springt sie nach rechts und links mit beiden Füßen zusammen, dabei eine halbe Drehung ausführend.	Der Mann hebt das Mädchen in der Taille.

-8-

4 Takte	Wiederhole 7 zur anderen Seite.	

-9-

8 Takte	Wiederhole 7 und 8 in noch kräftigerer Weise und dabei eineinhalb Drehungen ausführend.	

-10-

4 Takte	Der Mann führt nach links und rechts ein pas de basque aus, gefolgt von vier Laufschritten (eine Art jeté), die Beine nach hinten geworfen. Der Lauf erfolgt im Uhrzeiger-Sinn um das Mädchen herum und endet in offener Position auf der linken Seite des Mädchens nach zweimaliger	Arme öffnen nach links und dann nach dem zweiten pas de basque in der Hüfte wieder schließen.
8 Takte	Wiederholung (insgesamt dreimal).	

Der Mann bleibt stehen, während das Mädchen ihre eigenen petit pas de basques auf der Stelle ausführt; die jetés werden von ihr durch ein pivot nach rechts, links, rechts, ersetzt und dadurch wechselt auch die Richtung des pas de basques.

Das Mädchen dreht sich nun nach rechts in pas de bourrée, angefangen mit dem rechten Bein.

Beide Arme en haut ausgestreckt und geöffnet, der rechte höher. Der Mann fängt den linken Arm des Mädchens.

Das Mädchen kommt mit einem weiteren pas de bourrée zurück und endet offener Position.

-11-

12 Takte

Wiederhole 1, 1a, 2, 3

-12-

8 Takte

Das Mädchen springt in die 2. Position und springt dann mit linkem Bein in attitude devant nach rechts. »Der Mann macht sich über sie lustig.«

Arme en haut.

-13-

8 Takte

»Der Mann macht sich weiterhin über sie lustig«, während sie 12 wiederholt.

Das Mädchen gesellt sich zu ihm im letzten Teil der Schrittfolge.

-14-

8 Takte

In Bühnenabgangsrichtung: Er dem Uhrzeigersinn entgegen, sie mit dem Uhrzeigersinn. Der Mann tritt auf den linken Fuß und hebt den rechten Fuß mit einem kleinen Kreis in ballonné devant und zum Körper. Eingedrehtes passé und Fuß dann in 6. Position, dabei ein wenig rückwärts springen während die Füße zusammenkommen. Es folgen drei Laufschritte, rechts, links, rechts.

Die Arme öffnen sich à la seconde, heben sich en haut und schließen dann zur Hüftposition.

Wiederhole dreimal mit Abschluß in der hinteren Bühnenmitte.
Das Mädchen macht das gleiche zur selben Zeit, aber angefangen mit dem anderen Bein.

-15-

4 Takte

Beide treten auf rechten Fuß, an den Händen gehalten.
Wiederhole Schritte von 1 und 1a, erst nach links, dann rechts, wieder links und rechts, cou-de-pied devant.

-16-

3 Takte

Mann und Mädchen führen ein tombé devant auf dem äußeren Fuß aus, er links, sie rechts; vom Boden abstoßen mit dem anderen Fuß in 3. Position à terre auf demi pointe von hinten.

Die äußeren Schultern berühren sich fast.

Wiederhole fünfmal (alles in allem sechsmal).

-17-

1 Takt	Beide drehen sich aus und voneinander mit soutenu. Der Mann fällt auf seine Knie und schlingt die Arme um die Taille des Mädchens während sie seinen Kopf umarmt.
	-16- und -17- sind zusammen vier Takte.

Tatovac

Aufgezeichnet von Karlo Radinger, 1951
Klavierfassung von Jürgen Pagels

3
3
f

ff
f

8va

TARANTELLA

Die Tarantella ist ein italienischer Tanz. Die Bewohner Sardiniens, die Sizilianer (sizilianische Tarantella) und die Neapolitaner (neapolitanische Tarantella) behaupten, daß die Tarantella ihren Ursprung bei ihnen habe. Die Tarantella hat für den klassischen Tanz eine große Bedeutung, da eine Reihe von Tarantella-Schritten Eingang in den klassischen Bühnentanz gefunden hat. Sie ist ein leichter, lebhaft gesprungener Tanz im 6/8-Takt. Die sehr schnellen Schritte werden im Rhythmus von den Männern durch Schnipsen mit den Fingern unterstützt, während die Frauen ein Tambourin oder kleine Schlagstöcke benutzen.
Der Ursprung des Namens der Tarantella ist umstritten. Eine Version besteht darin, daß der Name von der Stadt Taranto (Tarent) entlehnt wurde, weil dort besonders viele der giftigen Taranteln, einer großen Spinne, gefunden wurden, und diese Spinne sich ebenfalls in kleinen Sprüngen bewegt.

Eine andere Erklärung wird durch den Biß der Tarantel gegeben. Man glaubt, so der Volksmund, daß das Gift durch besonders energisches Tanzen schnell aus dem Körper vertrieben werden könne.
Die Tarantella ist ein Tanz des armen Volkes, der Arbeiter und der Mittelklasse und wird als »festlicher Tanz« besonders zu Ostern, Hochzeiten und zur Ernte getanzt.
Die hier beschriebene Tarantella stammt aus dem Ballett »La Boutique Fantasque« (der Zauberladen), in der Musik von Rossini/Respighi, und wird von einer ins Leben gerufenen Puppe getanzt.
Die folgende Choreographie ist für mehrere Paare ausgearbeitet, und zwar in der Art, wie der Tanz auch meist aufgeführt wird.

TARANTELLA

Musik: *Gioacchino Rossini/Ottorino Respighi*
Choreographie: *Jürgen Pagels*
Paartanz für mehrere Paare.
6/8-Takt

3 Takte Einführung: Takte/Akk.	Zwei oder vier Paare von Richtung 1 und 2 bewegen sich seitlich: (erste Note vom 4. Takt)	Tambourin an der linken Hüfte mit beiden Händen gehalten (Abb. 98).

98

»und«	Trete mit rechts (links) à la seconde leicht gesprungen auf halbe Spitze,	

-1-

4 Takte		
1	linkes Bein sogleich croisé devant auf halbe Spitze in eine kleine 4. Position.	Linke Schulter im épaulement vor, Kopf nach links gewendet.
(1) und	Trete wieder mit leichtem Sprung rechts (links) seitlich auf halbe Spitze.	
2	Linkes Bein croisé derrière auf halbe Spitze.	Rechte Schulter vor, Kopf nach rechts gewendet.
3 Takte (2,3,4)	Wiederhole den obigen Schritt noch dreimal und springe mit dem letzten Schlag in die 6. Position.	
4 Takte »und«	Nun in entgegengesetzte Richtung mit leicht gesprungenem Schritt auf links seitlich in halber Spitze.	Tambourin wechselt an die andere Hüftseite.
4 Takte	Wiederhole 1 und auf dem letzten Schlag, auf rechtes (linkes) Knie in Richtung 2 (1) gehen. Die Paare knien leicht zueinander gewandt.	Tambourin in rechter Hand.

99

100

-2-

4 Takte		
(1) 1	Schlage Tambourin am Boden auf (Abb. 99).	Oberkörper vorgebeugt.
2	Schlage Tambourin auf linkes (rechtes) Knie (Abb. 100).	
(2) 3	Schlage Tambourin am linken (rechten Ellbogen) (Abb. 101).	
4	Schlage Tambourin mit linker Hand (Abb. 102) und öffne beide Arme über	Körper leicht zurückgebogen.
3.+4. Takt	en haut und seconde, dabei Tambourin schütteln.	
2 Takte	Wiederhole das obige nochmals.	
2 Takte	Vom Boden aufstehen, dabei Tambourin schütteln und in 6. Position aufstellen.	

-3-

4 Takte	Die Paare in Richtung 2 bewegen sich über links, Paare in Richtung 1 über	
1.–3. Takt	rechts. Trete auf linken Fuß in demi-	Tambourin in linker

101

102

	plié, rechtes Bein attitude de effacé en arrière.	Hand, rechte Hand à la seconde.
4. Takt	In dieser Position sauté in zweimaligem Kreis über links und double pirouettes en dedans, schließe in 6. Position ab. (Paare in Richtung 1 machen alles entgegengesetzt.)	Arme für Pirouetten einschließen und Tambourin wechselt in andere Hand.
4 Takte	Wiederhole obiges zur anderen Seite.	

-4-

6 Takte		
(1) 1	Von Richtung 2 nach 1 (1–2) in Linien: Trete auf rechtes Bein in demi-plié arabesque.	Tambourin in rechter (linker) Hand in Hüftposition.
2	Temps levé in demi-plié arabesque.	
2.–5. Takt	Wiederhole das gleiche für weitere 8 Schläge.	
	Rechtes (linkes) Bein in failli en avant schleifen.	Rechten (linken) Arm en avant bringen.
6. Takt	Contretemps, links über rechts und die Richtung wieder nach Richtung 2 wechseln.	Tambourin von einer in die andere Hand wechseln.
6 Takte	Wiederhole alles zur anderen Seite (Abb. 103).	

-5-

4 Takte		
1 (1)↓	In großem Kreis über rechts; Paare halten sich gegenseitig an der Taille oder einer hinter dem anderen: auf rechtes Bein in demi-plié, linkes Bein demi arabesque.	Tambourin in linker Hüftseite mit beiden Händen gehalten.

103

104

	2	Schleife linkes Bein in battement en cloche en avant und mache einen kleinen Sprung (temps levé) (Abb. 104).	Beide Arme nach vorn. Schlage Tambourin in linker Hand mit rechts.
(2)	3	Trete auf linkes Bein in demi-plié en avant.	Arme nach à la seconde, Oberkörper vorgebeugt.
	4	Schleife rechtes Bein in battement en cloche en arrière und temps levé (Abb. 105).	Tambourin hinter dem Körper anschlagen.
(3)	5–6	Vier Laufschritte à la jeté mit rechts, links, rechts, links, Hacken nach hinten ausschlagen.	Oberkörper gut nach vorn gebeugt. Tambourin an linker Hüfte gehalten.
(4)	7–8		
	12 Takte	Wiederhole obiges noch dreimal um den Kreis zu schließen – das letzte Mal lediglich drei Laufschritte und trete dann mit rechts à la seconde.	

-6-

4 Takte und	Schwinge linkes Bein in demi rond-de-jambe über seconde en avant (ähnlich einem grand jeté en tournant),	Tambourin in rechter Hand und beide Arme offen.

105

106

(1) 1 2	und drehe den Körper halb herum, dabei gut vorgebeugt (Abb. 106) zur 4. Position demi-plié auf linkem Bein, allongé en arrière mit rechtem Bein.	Linker Arm demi en haut, rechte Hand schlägt am Boden auf, dann linkes Knie, linken Ellbogen und
(2) 3 4	Aufstehen und Beine zurück in 6. Position.	Anschlag mit rechter Hand.
(3) 5–6	Hebe und senke Fersen in 6. Position.	Tambourin über dem Kopf mit beiden Händen gehalten.
(4) 7–8	Mit rechtem Fuß in demi seconde.	Arme à la seconde öffnen.
4 Takte	Wiederhole die Bewegung wieder nach rechts.	
4 Takte	Wiederhole die Bewegung nach links.	
4 Takte	Wiederhole die Bewegung nach rechts. Mit den letzten vier Schlägen zueinander wenden, der Mann Richtung 4, das Mädchen Richtung 2.	

-7-

4 Takte	Der Mann bringt das rechte Bein in attitude en arrière zum linken Bein, welches das Mädchen in attitude en avant gehoben hat.	Mit einer Hand die Taille des Partners halten, die andere hält Tambourin.

107

Sauté nach Richtung 2,

4 Takte — Die Position zur anderen Seite wechseln und sauté rückwärts nach Richtung 4 mit 8 kleinen Sprüngen.

-8-

6 Takte — Die Paare trennen sich mit 12 Laufschritten und bilden einen offenen Kreis, die Mädchen laufen in die Mitte.

-9-

8 Takte — Die Mädchen vorn: rechter Fuß vorn, 3. Position.

(1)

1	Fouetté: rechtes Bein in demi-rond-de-jambe über à la seconde mit leicht abgebogenem Knie und dann in die 3. Position en arrière aufgesetzt.	Rechter Arm schwingt wie das Bein über à la seconde und en haut und trifft sich dann mit dem linken Arm und wird von linker Hand geschlagen.
2	Soutenu en tournant auf beiden Beinen über rechts und coupé en arrière mit links (Abb. 107),	

und	trete auf links in 3. Position hinter rechts.	Arme à la seconde öffnen. Linker Arm en bas, rechter en avant.
2.–4. Takt	Wiederhole obiges (fouetté) noch dreimal. Danach: Platzwechsel mit	
5.–8. Takt	den Mädchen im Hintergrund oder den Männern. Dies geschieht mit einfachem emboîté derrière achtmal.	Tambourin wird en haut gehalten.
8 Takte	Rückwärtige Gruppe bewegt sich vorwärts mit emboîté und wiederholt das vorhergegangene.	

-10-

4 Takte	Die Paare treffen sich in einer graden Linie und mit dem Gesicht in entgegengesetzter Richtung: das linke (äußere) Bein in attitude devant, das rechte (unterstützende) Bein in demiplié: sauté im Kreis für 7 Schläge auf dem unterstützenden Bein in demiplié, auf achtem Schlag	Rechten Ellbogen einhaken, linker Arm en haut mit Tambourin und zueinander sehen.
4 Takte	in 6. Position enden, den Körper zur anderen Seite wechseln und für sechs Schläge in entgegengesetzter Richtung umeinander herum in sauté.	Armposition wechseln
	Auf dem siebten Schlag auseinandergehen und mit dem achten Schlag in die 6. Position springen.	Ellbogen lösen.

-11-

4 Takte		
1 (1)	Ballonné mit rechts effacé devant und dabei zweimal kurz anspringen (Abb. 108).	Beide Arme en haut, Tambourin anschlagen.

108

109

110

	2	Zweimal auf linkem Bein, das gleiche wiederholen	Wiederhole
(2)	3	mit rechts wieder, bleibe auf linkem Bein:	Wiederhole
	4	Springe mit rechtem Bein auf halbe Spitze in à la seconde mit einem demi-rond-de-jambe en l'air und bringe sogleich das linke Bein in grand ronde-de-jambe en l'air croisé devant auf halbe Spitze vor das rechte, dann soutenu en tournant über rechts (Abb. 109–110)	Öffne die Arme à la seconde. Arme werden en haut geführt.
(3,4)	5–8		

111

112

	4 Takte	Wiederhole alles zur anderen Seite.	
	8 Takte	Wiederhole alles nach rechts und links.	

-12-

8 Takte	Auf das Knie niedergehen und wiederhole dann 2 zweimal. Aufstehen.	

-13-

	4 Takte	Von links nach rechts (rechts–links).	Tambourin zu linker Hüfte (Abb. 111–112)
(1)	1	kleines temps levé auf links und dabei rechtes Bein à la seconde bringen, eingedreht und nur die Zehen berühren den Boden.	
	2	Temps levé auf links, seitwärts bewegen: öffne rechtes Bein in seconde, nur die Ferse am Boden, Zehen gut angehoben.	
(2)	3	Wiederhole wie beim ersten Schlag,	
	4	sauté in die 6. Position.	Tambourin in

113

(3+4)	Wiederhole nun alles zur anderen Seite in einer Linie.	en avant anschlagen.
2 Takte	Aufstellen zur anschließenden Kreisform.	

-14-

16 Takte	Im Kreis über 2 – 3 – 4: begonnen mit rechtem Bein; glissade-jeté 14 mal sehr schnell und einen Kreis damit bilden, dann mit zwei Schlägen zur Ausgangsposition wie in 1 zurückkommen.	Die Arme mit Tambourin vor dem Körper schwenken, demi en bas mit dem Schritt (Abb. 113)

-15-

16 Takte	Wiederhole 1 und 2	

-16-

4 Takte	Nach Richtung 5 in zwei Linien: 2 chaînés und tombé, pirouettes en dedans, Abschluß in 4. Position.	Tambourin mit letztem Schlag anschlagen.

Tarantella

aus dem Ballett »Der Zauberladen« (La Boutique Fantasque)
von Rossini/Respighi

sf
legato
f
sf
sf
pp legato
f
sf
sf
p
sf

fp
ff
p
f
p

sf
legato
f
sf
f
f
p
f
p
sf
f
sf
sf

p
f
sf
f
p
f
p
ff
pp
ff

p
f
p
f
sf
sf
f
p
cresc.
8va

MAZURKA

Die Mazurka (Mazur = Mazurek: poln. = »Masurer«) ist ein polnischer Nationaltanz im 3/4- oder 5/8-Takt überwiegend mit der Betonung auf dem zweiten Schlag. Der Ursprung der Mazurka ist in Masowien zu finden, wo dieser Tanz wohl bereits um 1600 entstanden und im letzten Jahrhundert große Verbreitung gefunden hat. Die Mazurka ist ein Paartanz, und die Zahl der verschiedenen Schritte der zu ihr gehörenden Tanztypen wie Kujawiak, Obertas und Oberek wohl erheblich größer als bei irgendeinem anderen Nationaltanz. Diese Schritte sind allein schon durch die Betonung und den besonderen Rhythmus schwierig, obwohl wir, wie bei allen osteuropäischen Tänzen auch Stampfen und Hackenschlagen vorfinden. Die Schritte der Männer sind wesentlich kraftvoller als die der Frauen, wobei jedoch immer eine gewisse Eleganz bewahrt wird. Die Arme sind meist hoch ausgestreckt oder es werden die Hände an der Taille gehalten.

Es gibt eine ganze Reihe verschiedener Mazurkas in Osteuropa und das Bürgertum des vergangenen Jahrhunderts machte sich diesen Tanz bald zu eigen, so daß er auch seine Verbreitung in den Ballsälen Westeuropas fand. Dadurch wurde die Mazurka noch eleganter in Bewegung und Stil, während sie auf dem Land ihre Urwüchsigkeit nicht verlor.

Ganz besonders Polen gab der Welt eine Anzahl von Tänzen, die noch heute von Bedeutung sind. Außer der Mazurka sind zu nennen: die Polonaise, Polka-Mazurka, und der Krakowiak. Sie alle sind heute wichtige Tänze des professionellen Tänzers und der Theater.

Der hier dargestellte Tanz ist ausschließlich ein Gruppentanz und es ist hierfür eigentlich keine besondere Tracht nötig. Stil und Farbe der Kostüme wechseln von Dorf zu Dorf, wie in den meisten osteuropäischen Ländern, jedoch der Tanz gehört zum täglichen Leben und es wird keine Gelegenheit ungenutzt bleiben, diese Lebensfreude im Tanz so oft wie möglich auszudrücken.

Die hier beschriebene Mazurka gehört zu dem Ballett »Coppelia« in der Musik von Leo Délibes, Handlung von Charles Nuitter und der Originalchoreographie von Saint Leon, das seine Uraufführung am 25.5.1870 an der Pariser Oper hatte. Das Ballett gehört heute zum klassischen Repertoire aller nenneswerten Ballettkompagnien und die Mazurka bildet den Höhepunkt der Szene auf dem Dorfmarkt im 1. Akt.

MAZURKA

Aus dem Ballett »Coppelia«
Choreographie: *Jürgen Pagels*
Musik: *Leo Délibes*
3/4-Takt
Tanz für sechs Paare

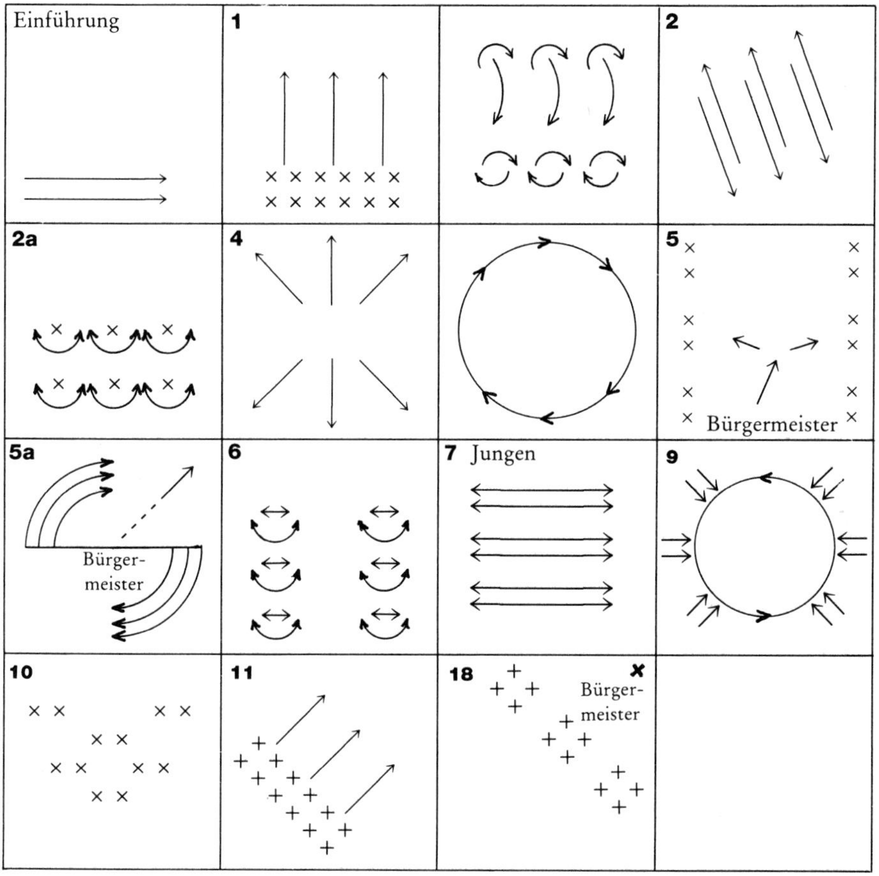

-1-

8 Takte

3 Paare in vorderer Linie nebeneinander, die anderen dahinter, ebenfalls in einer Linie von Ecke 3:
Nach vorn gehend, Mazurkaschritt:
Trete auf linken Fuß vorwärts und

Ausgangsposition: Hände in Hüftposition.
Die Mädchen legen ihren Unterarm auf

	ballonné mit rechtem Bein, worauf der rechte Fuß zur sur le cou-de-pied Position vor dem linken zurückkommt. Schleife das rechte Bein sofort in chassé devant, das linke Bein kommt dabei zur demi arabesque. Temps levé in demi plié nach rechts; Fortsetzung mit dem anderen Bein in gleicher Bewegung: angefangen mit temps levé auf rechts, während der linke Fuß sur le cou-de-pied devant vor rechts gebracht wird.	den Unterarm der Männer, dabei werden die Hände gehalten. Der äußere Arm geht en devant, dann à la seconde und in die Hüftposition zurück.
	Insgesamt soll der obige Schritt viermal durchgeführt werden und darauf folgen vier coupé pas de basques, Beine leicht abgebogen im Knie: Mann und Mädchen einander gegenüber drehen sich einmal im Kreis über rechts.	Der äußere Arm ist en haut gehalten.
8 Takte	Wiederhole alles, immer noch nach vorne und mit dem bas de basque Kreis immer leicht rückwärts gehend.	

-2-

4 Takte	Jedes Paar bewegt sich einander schräg gegenüberstehend in entgegengesetzter Richtung:	Arme in à la seconde, Handflächen offen und nach oben.
	»Holubetz«	
	Trete mit links croisé devant vor rechts, schleife rechtes Bein in à la seconde, demi-en l'air und schlage linkes gegen rechtes Bein in cabriole, wiederhole; trete wieder mit links	

	croisé devant vor rechts und führe zwei kleine Kapriolen aus; sauté in 2. Position auf halbe Spitze	Arme in seconde leicht angewinkelt und Handflächen nach unten gedreht.
	und Hacken kräftig zusammenschlagen.	Arme wieder ganz gestreckt und die Handflächen nach oben öffnen.
4 Takte	Wiederhole alles zur anderen Seite. Die Männer schlagen die Hacken nicht zusammen – sondern knien am Boden nieder.	Arme in ein gehobenes à la seconde.

-2a-

4 Takte	Die Mädchen führen drei pas de basques über die Rückseite der Männer aus, angefangen mit dem rechten Bein, sauté in 2. Position und ein Hackenschlag.	Arme und Hände in die Hüftposition bringen.
4 Takte	Männer bleiben auf dem Knie, Mädchen wiederholen den gleichen Schritt von der linken Seite; pas de basque angefangen mit dem linken Bein und enden an der rechten Seite der Männer.	

-3-

4 Takte	Alle Paare bewegen sich in Richtung 8 mit »en tournant«-Schritt: Trete auf rechtes Bein in demi-plié und mache ein demi-rond-de jambe en l'air mit	Hände in Hüftposition.

	links nach Richtung 8, den Körper nach Richtung 6 drehend und setze das linke Bein halb gestreckt hinter dem Körper in point tendu. Wende den Körper über die rechte Schulter um das linke, ausgestreckte Bein zu sehen. Die Zehen des linken Fußes zeigen nach oben und nur die Ferse ruht am Boden.	
	Wiederhole die ganze Bewegung nochmals zur gleichen Seite, danach temps levé auf linkem Bein während das rechte Bein eingedreht wird, so daß nur die Zehen den Boden berühren. Der Körper ist leicht nach Richtung 6 gewendet; ein weiteres temps levé auf links und das Bein wieder ausdrehen, so daß nur die Ferse den Boden berührt und die Zehen nach oben zeigen; ein weiteres temps levé während beide Füße in die 6. Position kommen, dann stampfe mit	Öffne Arme in à la seconde, Handflächen offen und nach oben.
	rechts auf und eine Pirouette über rechts en dedans, dabei ist das linke Bein im passé mit eingedrehtem Knie gehalten. Beende die Pirouette in 6. Position.	Arme schließen sich en avant für die Pirouette.
4 Takte	Wiederhole das ganze zur anderen Seite.	
8 Takte	Wiederhole 2a und diesmal führen die Männer den pas de basque um die am Boden knienden Mädchen aus.	
3 Takte	Männer und Mädchen geben einander die (linke) rechte Hand, stehen	Unterarme liegen auf-

	auf und laufen mit schnellen Schritten in einem weiten Kreis mit dem Gesicht in Uhrzeigerrichtung.	einander, Hände gehalten.

-4-

16 Takte	Wiederhole 1 vollständig, dabei in einem großen Kreis über rechts: Nach Durchführung der Kreisfigur werden zwei Reihen an beiden Seiten der Bühne gebildet und die Paare wenden sich zum Bühnenhintergrund um den »Bürgermeister« zu begrüßen.	Die Männer halten den Unterarm der Mädchen, der äußere Arm ist en avant, à la seconde und en haut und während des pas de basques wird der äußere Arm mit der Hand über dem Kopf zweimal hin- und herbewegt.

-5-

8 Takte	Der Bürgermeister tritt auf, begrüßt alle links und rechts.	
4 Takte	Tritt an ein Mädchen auf der rechten Seite heran und küßt sie,	
4 Takte	dann wiederholt er das Gleiche auf der anderen Seite. Er lädt die Mädchen ein mit ihm zu tanzen.	
4 Takte	In 4. Position mit rechtem Fuß effacé devant aufstampfen, dann mit linkem Fuß zum rechten Fuß treten und ballonné effacé devant mit rechts, während das linke Bein ein kleines temps levé ausführt. Bringe	Arme im Ellbogen eingehakt.

den rechten Fuß zurück zum sur-de-pied devant.
Wiederhole diesen Schritt noch zweimal in gleicher Richtung und springe in die 2. Position, Zehen und Knie eingedreht auf halbe Spitze, dann Hacken zusammenschlagen – Pause.

-5a-

4 Takte	Alle treten auf das linke Bein in demi-plié und schleifen das rechte Bein gestreckt devant aus. Rechtes Bein dann zum linken in halber Spitze, dabei das linke Bein leicht anheben und dann neben das rechte setzen: 1 – 2 – 3 mit Betonung auf »1« wie beim Walzer. Wiederhole diesen Schritt noch dreimal in einer Linie rückwärts und einen Kreis beschreibend.

-5b-

	Zwei weitere Mädchen beteiligen sich nun an der Linie und alle wiederholen
4 Takte	5a nach links, dabei mit 5b in einer Linie, die sich rückwärts bewegt
4 Takte	und entgegengesetzt dem Uhrzeigersinn über links.

-5c-

4 Takte	Zwei Mädchen von der rechten Linie bringen den »schwindeligen« Bürgermeister zu einem Tisch rechts in Richtung 1.

-6-

4 Takte	Nur Mädchen sich seitwärts vor die Männer bewegend: Trete voll auf rechten Fuß, temps levé, dabei den linken Fuß zu einem eingedrehten passé heben und dann zum rechten Bein in die 6. Position aufsetzen. Wiederhole dies zweimal und dann plötzlich herumdrehen und den Mann ansehen, der hinter dem Mädchen hergegangen ist (die Drehung folgt über links).	Arme mit Händen in Hüftposition, die Männer ansehend.
4 Takte	Die Mädchen legen die Hände auf die Schultern der Männer; sie sehen sich gegenseitig an. Er hebt sie vom Boden und dreht sich mit ihr einmal herum.	
4 Takte	Wiederhole 6, wobei die Mädchen nun zur anderen Seite der Männer	Hände in Hüftposition. Den Blick auf den Partner gerichtet.
4 Takte	kommen und auch die Hebung erfolgt zur anderen Seite.	

-7-

4 Takte	Männer allein von der einen zur anderen Seite sich bewegend in failli, glissade, cabriole: in der cabriole geht das rechte (linke) Bein effacé en l'air, das andere Bein ist vom Knie abgebogen und die Zehenspitzen berühren das Knie des anderen Beines (passé Position). Nach dem Aufkommen Bein mit soutenue en dedans zusammenbringen.	Arme à la seconde, danach geht nur der rechte (linke) Arm en haut. Arme en haut und wieder à la seconde.
4 Takte	Wiederhole 7 vollständig.	

-8-

4 Takte	»Franz« oder ein männlicher Solist allein: von Richtung 1 nach 3 diagonal: Arabesque auf rechts, chassé nach Richtung 3 und double sauté basque mit beiden Beinen unter dem Körper abgebogen, aufkommen ungefähr in der Bühnenmitte mit dem Gesicht in in Richtung 5: Chassé en arrière und Wendung in Richtung 3, 4. Position effacé, rückwärtiges Bein point tendu gestreckt.	Rechter Arm en avant in Augenhöhe. Linker Arm leicht hinter der linken Schulter. Arme en haut und in die Hüftposition zurück.
4 Takte	Trete mit links in eine arabesque in Richtung 3, chassé nach Richtung 1 und wieder double sauté basque, dann zum Partner gesellen.	Armposition wie zuvor.

-9-

4 Takte	Die Paare bilden einen großen Kreis in der Mitte der Bühne: Trete rechts ins demi-plié, linkes Bein vom Knie nach rückwärts demi en arrière gehoben, mit den Zehen einmal hinter dem rechten Bein am Boden aufschlagen, danach ein temps levé auf dem rechten Bein. Wiederhole diesen Schritt noch dreimal.	Die Hände halten die Handgelenke hinter dem Rücken.
4 Takte	Vier Schritte zur Formierung eines Kreises, die Männer bilden den Innenkreis mit Gesicht zur Kreismitte, die Mädchen formieren den Außenkreis mit dem Gesicht aus dem Kreis	Große Armbewegung über en avant, en haut und à la seconde öffnen, Hände an den Gelenken fest anfassen

8 Takte 4 Takte	gewendet. Mit Hilfe der Männer setzen sich die Mädchen auf die Unterarme der Männer. Sie werden nun angehoben und die Männer gehen im Walzerschritt (balancé) im Kreis herum, halten dann an und gehen in der gleichen Weise in entgegengesetzte Richtung.	und dabei in eine leichte Kniebeuge gehen.
	Die Mädchen rutschen von den Armen der Männer und bleiben kurz in der 6. Position. Die Männer stehen in der 6. Position.	Arme mit offenen Händen in à la seconde.
4 Takte	Gesamte Gruppe: temps levé und in schnellem Lauf wird ein nach vorne offener Halbkreis um Franz und Solistin – (oder Solistenpaar), gebildet.	Hebe Arme en haut. Arme sind offen.
	Die Männer machen ein soutenue en dedans und gehen aufs linke Knie nieder.	Arme en haut und dann in die Hüftposition.
	Die Mädchen: ebenfalls soutenue en dedans und mit dem Gesicht zum Partner in Richtung 2, 6. Position.	

-10-

16 Takte	Mädchen treten rechts seitwärts und schließen den linken zum rechten Fuß mit starkem Aufstampfen: 5 mal 1 – 2 – 3 – 4 – 5 Die Männer klatschen zweimal in die Hände. Die Mädchen stampfen 1 – 2 – 3 – 4 – 5, die Männer klatschen einmal. Die Mädchen stampfen 1 – 2, die Männer klatschen einmal. Wiederhole das Ganze zweimal,	Hände in Hüftposition. Die Männer ansehen, flirten.
2 Takte	dann die Hände einander anbieten	Ein Arm an der Taille

	und aufstehen. Mit kleinen Schritten herumdrehen auf halber Spitze und dabei gegenseitig ansehen.	des Partners, der andere en haut gestreckt.
4 Takte	Alle laufen zur Ecke in Richtung 3 zurück und bilden zwei Linien, wie zu Beginn der Mazurka, – aber zur Ecke in Richtung 1 und dem Bürgermeister.	Arme über en haut zur Hüftposition.

-11-

8 Takte	Nach Richtung 1 : 3 Mazurka-Schritte, angefangen mit rechts, dann coupé und pas de basque mit gehobenen Knien in halber Drehung, so daß die Partner sich ansehen.	Der äußere Arm geht langsam en haut, der andere ruht auf dem Arm des Partners, dann gehen die Arme beim Sprung über en haut in die Hüftposition.
	Trete mit rechts (links) croisé devant und cabriole mit gestrecktem Bein nach Richtung 3, wiederhole den Schritt und die cabriole. Führe zwei Cabriolen ohne Zwischenschritt aus in Richtung 1 und seitwärts; sauté in 2. Position mit halber Drehung, so daß der Körper nach Richtung 1 gewendet wird. Schlage die Fersen in halber Spitze Position zusammen.	Die Arme kreuzen sich wie die Beine in demi en avant, dann geöffnet à la seconde, und wieder gekreuzt wie die Beine, danach öffne die Arme à la seconde, die Handflächen offen.
		Die Handflächen mit Gelenk nach unten drehen und abknicken; den Kopf leicht vorbeugen, dann den Kopf

		heben und die Handflächen drehen und wieder öffnen.
8 Takte	Alles wiederholen, angefangen mit dem linken Bein.	

-12-

2 Takte	Halb nach links wenden und auf das linke Bein in demi-plié treten, rechtes Bein en arrière ausgestreckt und nur mit den Zehen den Boden berührend;	Hände in Hüftposition.
	sauté, Körper wenden über rechts zum geöffneten Bein, welches nunmehr in effacé devant ist. Die Zehen des rechten Fußes sind nun angehoben und nur die Ferse berührt den Boden.	Arme in à la seconde, Handflächen offen.
	Das Körpergewicht auf das rechte Bein übertragen und den ganzen Fuß aufstellen, demi-plié, linkes Bein en arrière ausgestreckt und nur die Zehen am Boden. Linke Schulter zur	Hände in Hüftposition.
	rechten Seite, sauté und den Körper zum linken Bein in effacé devant Zehen angehoben, nur die Ferse am Boden.	Arme à la seconde öffnen, Handflächen offen.
2 Takte	Sauté in 6. Position und eine pirouette en dedans mit eingedrehtem Knie.	Arme en avant.

-13-

4 Takte	Männer gehen ins grand plié auf rechtem Bein, dabei wird das linke à la seconde am Boden geöffnet. Aufstehen	Mädchen unterstützen die Kniebeuge der Männer indem sie

	und drei kleine Laufschritte, nochmals den gleichen Schritt und damit eine ganze Drehung ausführen. Die ganze Bewegung muß mit großem Schwung ausgeführt werden.	ihren Unterarm unter den der Männer bringen. Der rechte Arm der Männer hält sich an der Taille der Mädchen fest.

-14-

4 Takte	Wiederhole 12 vollständig mit zwei Pirouetten.	

-15-

4 Takte	Wiederhole 13 komplett.	

-16-

	Alle Paare gehen in relevé auf halbe Spitze, dann:	Arme en haut.

-17-

1 Takt	Männer gehen auf das linke Knie in effacé devant, die Mädchen treten zu den Männern.	Linker Arm en haut, rechter à la seconde, Hände offen.

-18-

1 Takt		
	Die Mädchen setzen ihren linken Fuß auf das rechte Knie der Männer.	Linker Arm à la seconde, rechter en haut.

Mazurka

aus dem Ballett „Coppelia" von Leo Delibes

Die Menge füllte den Platz, man wartete auf den Bürgermeister: Die Alten setzen sich an schattigen Tischen, sie leeren ihre großen Bierkrüge und stoßen dabei nach dem Rhythmus an, angeregt durch die Tänzer.

leicht
p
ff
leicht
p

ff
Eintritt des Bürgermeisters
f
mf

sfz
cresc.
Begrußung
sf
f
1.
2.
mf
Oboe
p
Klarinette
Quartett

ff
p

mf
sfz
cresc.
sfz
f
ff
ff
mit. 8ves ad lib.
8ves
8ves
8ves
8ves
8ves

8ves
8ves
8ves
breiter werdend
ff I° Tempo

ff
ff
Pauke

BRAUTTANZ

Der Brauttanz ist ein festlicher Tanz, der meist bei einer Hochzeit aufgeführt wird, nachdem das Brautpaar bereits getanzt hat und nun ein weiteres Paar mit diesem Tanz verdeutlicht, daß die Partner einander verliebt sind und bald heiraten wollen.
Der hier beschriebene Brauttanz ist aus dem Ballett »Coppelia« entnommen. Wie bei den meisten Charaktertänzen wird sehr viel Wert auf Ausdruck und Pantomime gelegt.
Die hier vorgelegte choreographische Aufteilung zeigt verschiedene Muster, wenn auch keinen dominierenden National-Charakter. Es handelt sich hierbei um einen Festtanz, der allgemein dem osteuropäischen Raum entstammt.

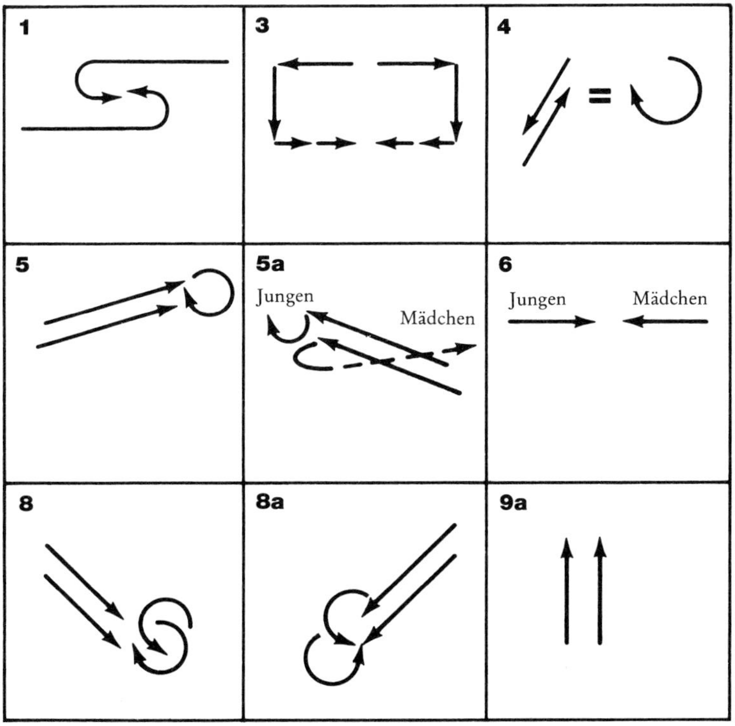

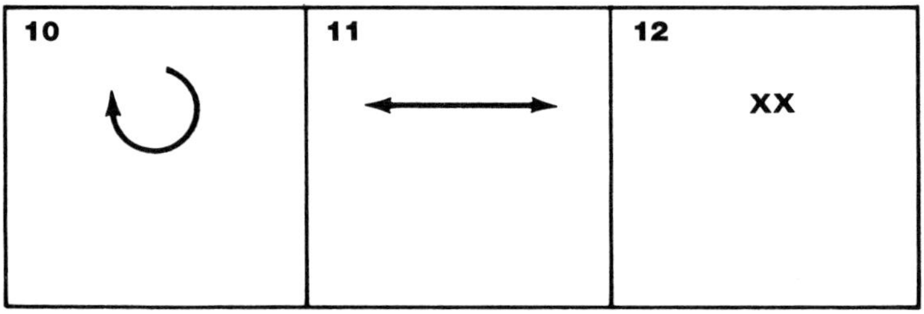

BRAUTTANZ

Aus dem Ballett »Coppelia«
Choreographie: *Jürgen Pagels*
Musik: *Leo Délibes*
2/4-Takt – Tanz für ein Paar

Takte/Akk.		
	Mädchen beginnt von Richtung 8, Gesicht in Richtung 6. Der Mann beginnt von Richtung 6, Gesicht in Richtung 8.	Hände in Hüftposition. Oberkörper vorgebeugt.
-1-		
	In die Bühnenmitte mit nach hinten »ausschlagenen« Fersen und dann umeinander herumlaufen. (20 Schritte)	
	Der Mann bietet seinen Arm dem Mädchen an.	Mit den Ellbogen einhaken.

-2-

	4 Takte		
(1)	1	Beide treten auf das rechte Bein in demi-plié und bringen das linke Bein vor rechts croisé devant mit kleinem temps levé,	Äußerer Arm in der Hüfte, einander ansehen.
	2	temps levé und dann linkes Bein am rechten vorbei effacé en arrière schleifen,	
(2)	3 und 4	pas de bourrée mit linkem Bein: hinten, seitlich und vorn.	Nach links und dann nach rechts sehen.
(3)	5	Das rechte Bein in demi-rond-de jambe en dedans über das linke mit leichtem temps levé schwingen. Abschluß mit rechtem Bein vor dem linken.	Über die rechte Schulter sehen.
	6	Pas de bourrée mit dem Rücken in Richtung 4: rechtes Bein vor linkes aufsetzen, linkes Bein croisé derrière öffnen, rechtes Bein zum linken und schließen.	
(4)	7	Linkes Bein im demi-rond-de-jambe en dedans über rechtes mit leichtem temps levé schwingen.	Über die linke Schulter sehen.
	8	Pas de bourrée mit dem Rücken in Richtung 3: linkes Bein zum rechten schließen, rechtes Bein croisé en arrière öffnen, linkes zum rechten schließen.	
	4 Takte	Wiederhole 2 zur anderen Seite.	

-3-

	8 Takte	Mädchen über rechts, Mann über links: Gesicht in Richtung 6 oder 8:	Oberkörper gut vorgebeugt.
	1	Temps levé auf links und dabei leicht rückwärts rutschen, während das rechte Bein mit dem Knie	Linker Unterarm vor der Stirn, auch leicht die Augen verdeckend,
(1,2)	2	hoch angezogen wird, temps levé auf rechts in gleicher Weise und das linke Knie hoch angezogen (Abb. 114).	rechter Arm à la seconde.
	3 und 4	Wiederhole rechts, links.	
(3,4)	1–4	Wiederhole die gleichen Schritte mit dem Rücken in Richtung Bühnenhintergrund, rückwärts tretend.	Rechter Arm vor der Stirn, linker Arm à la seconde.
(5,6)	1–4	Mit dem gleichen Schritt, die Rücken zueinander und rückwärts: Der Mann mit seinem Gesicht in Richtung 6, das Mädchen in Richtung 8.	Arme umgekehrt.
(1)	1–2	Zwei gleichartige Schritte und dreimal aufstampfen, nachdem sich das Paar zueinander gewandt hat.	Arme öffnen als wollten sie sich umarmen, Hände gegenseitig auf die Schultern legen.

114

-4-

	2 Takte	Die Körper drehen: Mann in Richtung 1, Mädchen in Richtung 3:	
(1)	1 und 2	temps levé auf links, dabei das rechte Bein in frappé nach Richtung 1 und zurück zur Wade, setze das Bein in 6. Position neben dem linken ab.	
(2)	1 Takt	Wiederhole das gleiche mit links.	

-4a-

	2 Takte	Den Körper zur Diagonale wenden	
(1)	1 und	und échappé zur 4. Position croisé ohne die Füße auszudrehen, gleich darauf fermé (schließen).	Die Schultern bewegen sich entgegengesetzt zu den Beinen.
(2)	2 und	Échappé zur anderen Ecke und fermé.	
	1 und 2	Wiederhole beide Seiten.	
	2 Takte	Wiederhole 4	
	2 Takte	Wiederhole 4a, die échappés werden dieses Mal in Kreisbewegung ausgeführt, am Ende steht das Paar nebeneinander, gleich darauf folgt:	

-5-

4 Takte	Mann und Mädchen nach Richtung 1: failli, glissade, demi-assemblé in 3. Position.	Arme à la seconde.
	Das Mädchen springt vom Boden, unterstützt vom Mann, macht eine tour en l'air, wird vom Mann aufgefangen	Die Arme des Mädchen en haut.
	und abgesetzt, darauf mit tombé und mit Betonung auf den »ersten« Schritt	Äußerer Arm mit Hand am Hinterkopf,

	umeinander herumgehen. Rechts demi-plié, linkes Bein hinter rechtem anschließen auf halber Spitze, usw. (Abb. 115).	der innere Arm zueinander gestreckt. Blick zueinander.
4 Takte	Wiederhole 5 zur anderen Seite in Richtung 2. Nachdem das Mädchen auf dem Boden abgesetzt ist, beginnt der Mann abermals die failli-glissade Bewegung, während das Mädchen von ihm wegläuft in Richtung 8.	

-6-

8 Takte	Einander ansehend:	
(1)	Der Mann macht eine Verbeugung, linkes Bein demi-plié en arrière, das vordere Bein nur mit der Ferse am Boden abgestellt,	Arme offen.
(2)	aufrichten, in 6. Position und mit einer Geste seine Liebe dem Mädchen erklärend.	Beide Hände auf sein Herz, Kopf geneigt zu ihr, Oberkörper leicht hin und her wiegen.
(3)	Scheu auf das Mädchen zeigen und mit dem Finger dann zu sich winken,	Linke Hand in der Hüfte.
(4)	dazu mit dem Kopf nicken. Das Mädchen hat sich scheu halb von ihm abgedreht und die Schultern angehoben (Abb. 116).	
(5)	Über die Schulter zu ihm sehen,	Hände vor sich gefaltet und Arme gestreckt.
(6)	dann wegblicken und mit einer Gestik ins Publikum fragen: »Meint er mich?«	
(7)	Wieder zu ihm hinsehen,	
(8)	zu ihm zur Bühnenmitte laufen: zuerst zögernd, dann schnell. Einander	

115

116

umarmen, dabei vorwärtsbeugen (keine Körperberührung) und einen Kuß einander geben.

-7-

8 Takte	Der Mann bringt das linke Bein in allongé en arrière, rechtes Bein demi-plié. Das Mädchen setzt sich auf sein Knie mit den Füßen und Knien zusammen, sie umarmen einander nun enger. Der Mann hebt das Mädchen in der Taille und wechselt ihren Sitzplatz auf sein anderes Knie (links), danach erneute Umarmung. Er hebt sie hoch und setzt sie mit den Füßen neben sich am Boden ab, beide mit den Körpern in Richtung 5.	

-8-

4 Takte (1)	Trete mit linkem Bein effacé in Richtung 2, temps levé,	Linke Hand in der Taille.

(2)	rechtes Bein in demi-rond-de-jambe dedans über linkes Bein vorschwingen,	Rechter Arm en avant in Richtung 2.
(3)	pas de bourrée: rechtes Bein vor das linke, das linke nach hinten öffnen, rechtes Bein zum linken schließen, Richtung 2 beibehalten.	
(4)	Linkes Bein nach hinten ausschleifen, cabriole en arrière croisé, mit rechts angeschlagen, mit rechts aufkommen im demi-plié, linkes Bein in demi en l'air derrière.	
	Beide für sich: einen Kreis gehen mit tombé und Betonung auf dem ersten Schritt, hinteres Bein coupé auf halber Spitze.	Der äußere Arm mit der Hand im Nacken, der andere in der Taille.
4 Takte	Wiederhole alles zu anderen Seite.	

-9-

7 Takte	Blickrichtung zueinander diagonal zur Bühnenmitte: Der Mann mit dem Rücken zum Publikum. Beide in arabesque demi-plié, das äußere Bein angehoben.	Gegenseitig die Taille halten mit dem Arm über dem Rücken des Partners.
1/2 Takt	Im Kreis herumspringen, dreimal mit kleinem sauté in demi-plié und auseinandergehen nach dem 14ten sauté, Position und Richtung wechseln und in entgegengesetzter Richtung das	
4 1/2 Takte	Gleiche fünfmal in einem Kreis – auseinandergehen und nebeneinander treten in Richtung 5 in 6. Position und nach vorn in der folgenden Bewegung:	

-9a-

4 Takte

Auf halbe Spitze gehen, dann das rechte Bein vom Knie leicht gehoben und den Körper in Richtung 2 drehen, die rechten Zehenspitzen wieder auf den Boden neben dem linken Fuß bringen, den Körper in Richtung 1 drehen; das linke Knie leicht vom Boden heben, das rechte Bein geht ins demi-plié (Abb. 117).
Wiederhole wieder mit einem Schritt zurück auf dem linken Fuß in halber Spitze und das rechte Bein wie in einer eingedrehten »sur le cou-de-pied«-Position, usw.
9a wird achtmal ausgeführt.
Es muß darauf geachtet werden, daß die Knie eng beieinander bleiben!

Kopf herunterbeugen zu den Zehen.
Arme öffnen seconde, zuerst links, dann rechts.
Beide Arme zur anderen Seite.

-10-

4 Takte

Blickrichtung zueinander und in der Bewegung über 1 – 8 – 4 usw. im Kreis fünfmal einen Walzerschritt

Arme gegenseitig in der Taille.

117

miteinander drehen, dabei die Knie leicht gehoben und leicht »gehüpft«. Danach wird das Mädchen vom Mann gerade hochgehoben, wobei er sich einmal mit ihr dreht und sie dann am Boden in Richtung 5 absetzt. Beide mit Gesicht –

-11-

2 Takte	Beide mit Gesicht nun in Richtung 5, nebeneinander, das Mädchen rechts:	Arme à la seconde. Beide Arme wechseln nach rechts über en bas.
(1)	6. Position, demi-plié auf links während das rechte Bein zu à la seconde seitlich ausgeschliffen wird, demi en l'air.	
(2)	Das rechte Bein zurück zur 6. Position und gleich darauf das linke Bein zur halben Spitze heben. Wiederhole nach links, rechts und links.	Beide Arme sind en bas. Arme bewegen sich nach links, usw.

-12-

Finale	Das Mädchen dreht ein chaîné in Richtung 1.	
	Der Mann hält ihren linken Arm fest und zieht sie zu sich. Er hebt das Mädchen gerade hoch, setzt sie auf sein rechts abgebogenes Bein auf dem Knie ab, linkes Bein leicht rückwärts ausgestreckt, effacé en arrière; sie umarmen einander. Sie küssen sich.	Arme öffnen.

Die Ehe

Braut oder Hochzeitstanz
aus dem Ballett „Coppelia" von Leo Delibes

Ein Festzug kommt näher; das ist die Ehe, die Fackel in der Hand. Begleitet von der Liebe leitet sie eine ländliche Hochzeit.

sf
1° V
f
2° V
sf
Cors.
p

1 ° V
p
tr
f
sf

VERZEICHNIS DER FACHWÖRTER*

In das Verzeichnis der Fachwörter sind überwiegend nur diejenigen Begriffe aufgenommen worden, die im Text dieses Buches häufig Anwendung gefunden haben. Die Erläuterung der jeweiligen Begriffe dient nicht dem Zweck einer bis ins einzelne gehenden Beschreibung der Bewegung oder Schrittfolge. Die Erläuterungen sollen vielmehr grundsätzlichen und informativen Charakter haben, und sie sind vor allem für diejenigen Leser gedacht, denen die französischen Ballettbezeichnungen nicht geläufig sind. Wer sich hinsichtlich der Fachbegriffe weitere und detaillierte Informationen beschaffen will, sei auf die folgende Veröffentlichung verwiesen: Gail Grant, »Technical Manual and Dictionary of Classical Ballet«, Dover Publications Ltd., 180 Varich Street, New York, N.Y. 10014, USA.

Air, en l'air: in der Luft. Eine Bewegung oder Drehung in der Luft.
Allongé: ausgestreckt (z.B. in der Arabesque mit lang ausgestrecktem Bein).
Arabesque: eine der Grundhaltungen im klassischen Ballett. Das Standbein ist gestreckt, während das Spielbein im Unterschied zur → Attitude nach hinten ausgestreckt in einer Höhe von 90° gehalten wird. Der dem angehobenen Bein entgegengesetzte Arm ist nach vorn gestreckt, der andere Arm wird zur Seite ausgestreckt. Es gibt vier wichtige Arten der Arabesque:

1. arabesque *2. arabesque*

* Die Zeichnungen stammen aus: A.J. Waganowa, Die Grundlagen des klassischen Tanzes, 7. Auflage 1983, und N.I. Tarassow, Klassischer Tanz, Die Schule des Tänzers, 2. Auflage 1981; beide Ausgaben Heinrichshofen's Verlag, Wilhelmshaven.

3. arabesque *4. arabesque*

Arrière, en: rückwärts. Ein Schritt oder eine Bewegung zurück.

Attitude: eine charakteristische Grundhaltung im klassischen Ballett. Das Standbein ist wie bei der → Arabesque gestreckt, während das Spielbein um 90° gehoben im Knie gebogen ist. Der dem gestreckten Standbein entsprechende Arm ist angehoben und der andere Arm wird seitwärts gehalten. Es gibt verschiedene Variationen der Attitude:

Attitudes:
Attitude croisée *Développée croisé vor* *Développée effacé vor* *Attitude effacée*

Avant, en: vorwärts. Ein Schritt oder eine Bewegung nach vorn.

Ballonné: ein leichter Sprung auf einem Bein, während das andere Bein vor-, seit- oder rückwärts gestreckt und zum Fußgelenk des Sprungbeines zurückgeführt wird.

Bas, en: niedrig, unten. Eine niedrige Position der Arme.

Battement: schlagen; das schnelle Ausstrecken eines Beines aus einer Position und wieder zurück. Das Knie bleibt dabei durchgedrückt. Es gibt verschiedene Formen des Battement, z.B. Battement tendu simple:

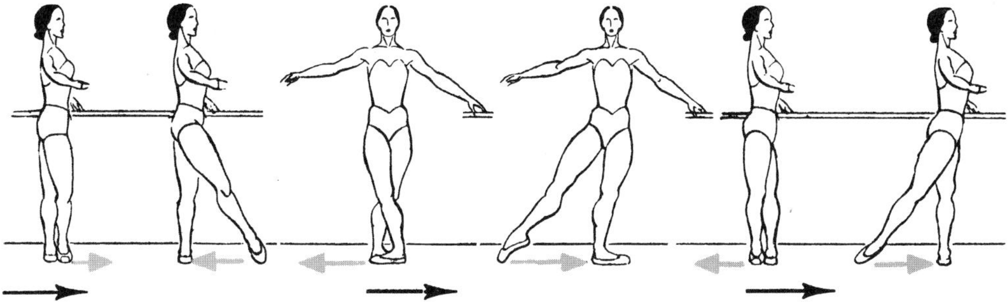

und Battement développé:

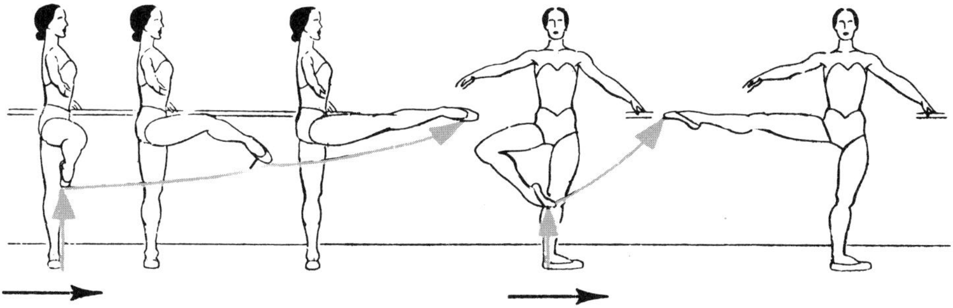

Cabriole: (*ital.* cabriola = Ziege) ein Sprungschritt mit gestreckten Beinen. Während des Sprunges schlägt das untere Bein an das Obere.

Cabriole

Cambré: Bezeichnung für eine meist seitliche Körperneigung. Vom Becken aufwärts gebogen.

Chaîné: (*eigentlich:* Kette) eine Anzahl sich aneinanderreihender Drehungen. Während eine halbe Drehung ausgeführt wird, tritt ein Fuß nach dem anderen diagonal auf.

Chassé: (*wörtlich:* gejagt) ein »Jägerschritt«, bei dem ein Bein das andere »jagt«. Der Schritt kann in verschiedenen Richtungen ausgeführt werden, z.B. in 5. Position, rechts vorn, demi-plié und den rechten Fuß zur 4. Position en avant schleifen, dann das Körpergewicht auf den vorderen Fuß verlagern, der in ein demi-plié sinkt. Vom Boden mit dem rechten Bein hochspringen und das linke Bein in der Luft zum rechten strecken, während das rechte sofort in eine sur le cou-de-pied-Position vor dem linken Fuß geht und damit den nächsten Sprung vorbereitet.

Cloche, en: »Wie eine Glocke«. Findet Anwendung im grand oder petit battement, wenn das Spielbein durch die 1. Position vor und zurück geschwungen wird.

Contretemps: »Gegen die Zeit«. Stehe in 4. Position, den rechten Fuß croisé devant und point tendu: trete dann auf den rechten Fuß in demi-plié und schwinge das linke Bein im Halbkreis mit demi rond-de-jambe über das rechte Bein, wobei die Beine sich leicht streifen können, wenn sie einander passieren. Bringe anschließend das linke Bein in ein demi-plié und öffne gleichzeitig das rechte Bein effacé devant. Während dieses Schrittes macht der Körper eine Viertel-Drehung.

Cou-de-pied, sur le: »Der Hals des Fußes«; gemeint ist dabei der Fußknöchel oder auch der Spann. Ein Fuß wird an den Knöchel des anderen gelegt, der Absatz nach vorn (hinten), der

Spann gewölbt und über den Knöchel des Standbeines gestreckt. Die Zehen sind dabei gestreckt und zeigen nach hinten (vorn). Der Fuß wird um den Knöchel »gewunden«.

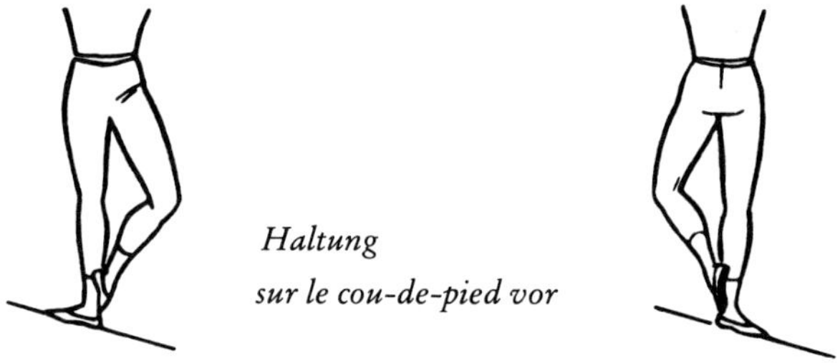

Haltung sur le cou-de-pied vor

Haltung sur le cou-de-pied rück

Coupé: »schneiden, abschneiden«; das Unterbrechen einer Schrittfolge oder von aus dem sur le cou-de-pied herkommenden Schritten.

Croisé: »gekreuzt«; die Kreuzung von Füßen, Beinen, der Arme oder des Körpers in einer Richtung.

croisé rück *croisé vor*

Croix, en: »kreuzweise«; z.B. ein battement nach vorn, dann zur Seite, nach hinten und wieder zur Seite, ausgeführt mit dem gleichen Bein.

Dedans, en: »einwärts«; Richtungsangabe für eine Bewegung, eine Drehung usw. → dehors.

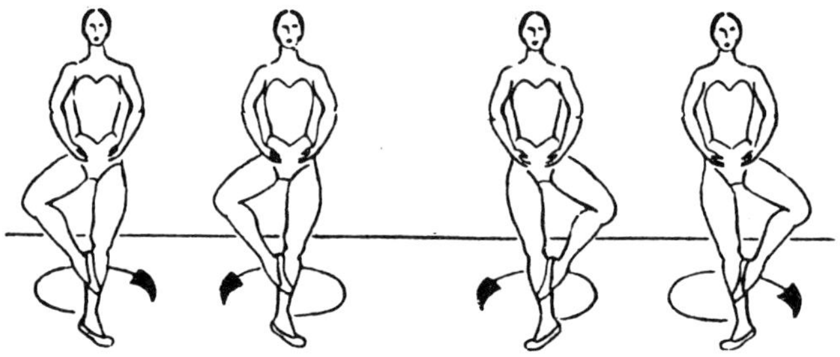

Drehungen:
en dehors *en dedans* *en dehors* *en dedans*

Dehors, en: »auswärts«; Richtungsangabe für eine Bewegung, eine Drehung usw. → *dedans.*

Demi: (*wörtlich:* halb); enthalten wie im demi-plié, ein halbes und nicht tiefes plié. Innerhalb einer Bewegungsbezeichnung kann es auch eine »nicht hohe Bewegung« bedeuten.

Derrière: hinten, nach hinten. Üblich bei Richtungsangaben für Arme und Beine oder für eine Bewegung nach hinten.

Devant: vorn, nach vorn. Das Gegenteil von → *Derrière.*

Développé: (*franz.* entwickelt, entfaltet). Die Bewegung (Entfaltung) eines Armes oder Beines von der Grundposition bis zur Streckung in der Höhe vorwärts, seitwärts oder rückwärts, in meist langsamer Durchführung.

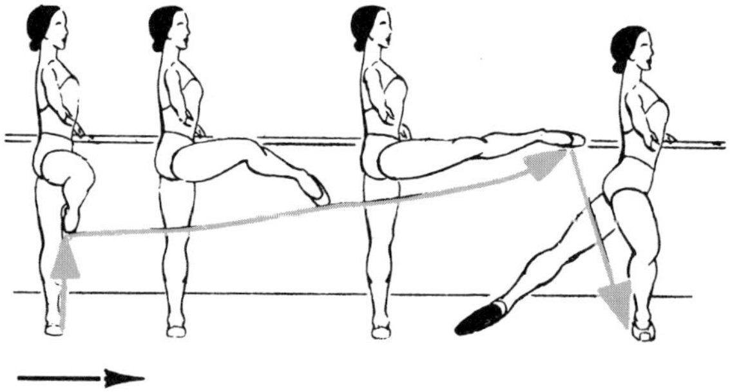

Battement développée tombé

Écarté: (*franz.* entfernen); eine geneigte Körperhaltung mit gestrecktem développée.

Écarté rück und écarté vor

Échappé: (*franz.* entwischt, entlaufen); ein in vielen Richtungen ausführbarer Sprung von einer geschlossenen in eine offene Fußposition.

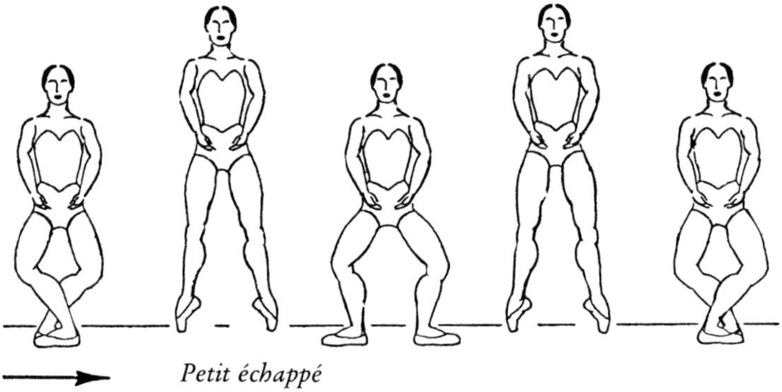

Petit échappé

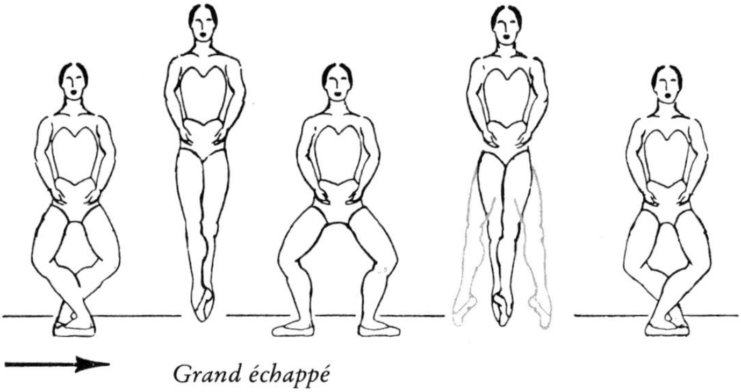

Grand échappé

échappé auf Spitze

Effacé: Eine Körperrichtung, in der der Tänzer schräg zum Publikum steht.

effacé vor *effac ŕück*

Emboîté: (*franz.* geflochten, verschachtelt). Aneinandergereihte Schritte oder Sprünge, z.B.: Stehe in 5. Position in demi-plié rechts vorn. Springe vom Boden und bringe den linken Fuß im Knie abgebogen vor in sur le cou-de-pied. Springe aus dieser Position wieder hoch und bringe das andere Bein in die gleiche Fußposition vor. Der Schritt oder der Sprung erfolgt in eine vorgegebene Richtung, er kann jedoch auch rückwärts oder mit einer Drehung ausgeführt werden.

Entrechat: Ein Sprung, bei dem in vollständiger Streckung der beiden Beine die Wade des einen Beines an das andere geschlagen wird. Es gibt vom Entrechat mehrere Varianten.

Pas emboîté

Entrechat six de volée

Épaulement: (*franz.* épaule = Schulter); die Technik der im modernen Klassischen Ballett oft vernachlässigten exakten Schulterhebung.

Haltung épaulement

Face, en: (*franz.* Gesicht); gegenüberstehend. Mit dem Gesicht nach ...

Failli: (*franz.* verfehlt); ein Sprung aus geschlossener Position mit einer Seitwärtsbewegung des Spielbeines in eine offene Position.

Fermé: schließen, einschließen, anschließen.

Flic-flac: Eine Art »petit → fouette«.

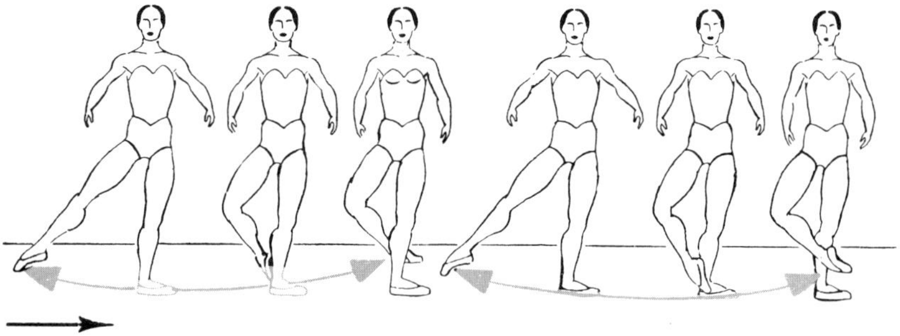

Flic-flac

Fouetté: (*franz.* gepeitscht, geschlagen); das Schlagen des Beines um den Körper oder das Standbein. Wir unterscheiden zwei wichtige Arten von »fouettés«: zum einen gesprungen in eine vorgegebene Richtung, zum anderen als Drehung auf einem Bein. Zum Beispiel: der Tänzer springt aus einer effacé-Position hoch, indem er das rechte Bein in einem grand battement ausschleift und dann plötzlich mit einer halben oder ganzen Drehung in der Luft die Körperrichtung wechselt. Er kommt anschließend mit dem linken Bein in arabesque oder einer anderen, vorgegebenen Position auf (grand fouetté en tournant). Weiteres Beispiel: die fouetté als Pirouette besteht in der Regel aus mehreren Drehungen, bei denen das Spielbein zur Seite »gepeitscht« wird, während sich das Standbein streckt und aus dem vorangegangenen demi-plié auf halbe oder ganze Spitze angehoben wird. Das Spielbein macht ein rond de jambe, während gleichzeitig der Körper eine Drehung ausführt. Abschließend wird das Standbein wieder ins demi-plié gesenkt und das Spielbein öffnet sich in croisé devant (oder eine andere vorgegebene Position).

Frappé: (*franz.* schlagen, stoßen); z.B.: Angefangen von à la seconde point tendue schlägt das rechte Bein das linke in sur le cou-de-pied devant und öffnet sich mit einem kräftigen Stoß in à la seconde, wobei die Zehen über dem Boden ausschleifen und der Fuß schließlich ganz ausgestreckt in à la seconde über dem Boden anhält. Dies kann in jeder vorgegebenen Richtung ausgeführt werden.

Glissade: (*franz.* ausgleiten); Schleifschritt, der in den verschiedenen Richtungen ausgeführt werden kann.

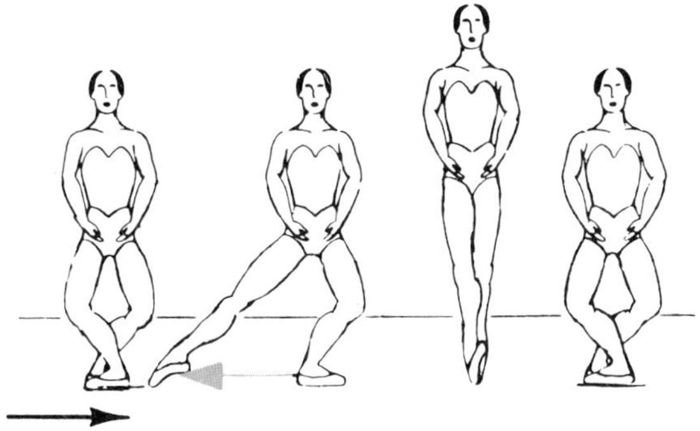

Glissade auf Spitze

Grand: groß, weit, tief, z.B. wie »grand plié«.

Haut, en: hoch, oben; z.B. eine Armposition über dem Kopf.

Jambe, la: das Bein.

Jeté: (geschleudert, geworfen); Sprungschritt. Stehe z.B. in der 5. Position demi-plié und mit dem rechten Bein hinten. Schleife das rechte Bein à la seconde über den Boden und springe dann mit dem linken Standbein vom Boden. Während das ausgestreckte Spielbein demi-plié am Boden aufkommt, endet das linke Bein in sur le cou-de-pied vor oder hinter dem rechten Grand jeté:

Grand jeté vorwärts

Grand jeté rückwärts

Jeté en tournant

Levé, temps: eine gesprungene Bewegung. Ein kleiner Sprung, der sowohl von einem als auch von beiden Beinen ausgeführt werden kann.

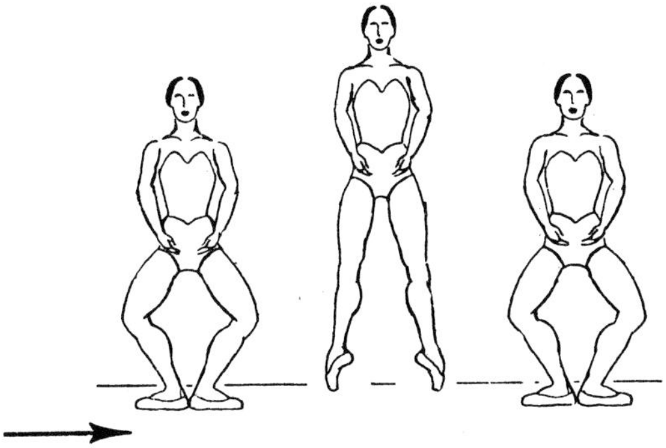

Temps levé auf zwei Füßen

Pas: Schritt.

Pas de basque: Schritt der Basken. Schrittfolge mit mehreren Variationsmöglichkeiten, die sich bei der Mehrzahl europäischer Volkstänze in der einen oder anderen Form wiederfinden läßt.

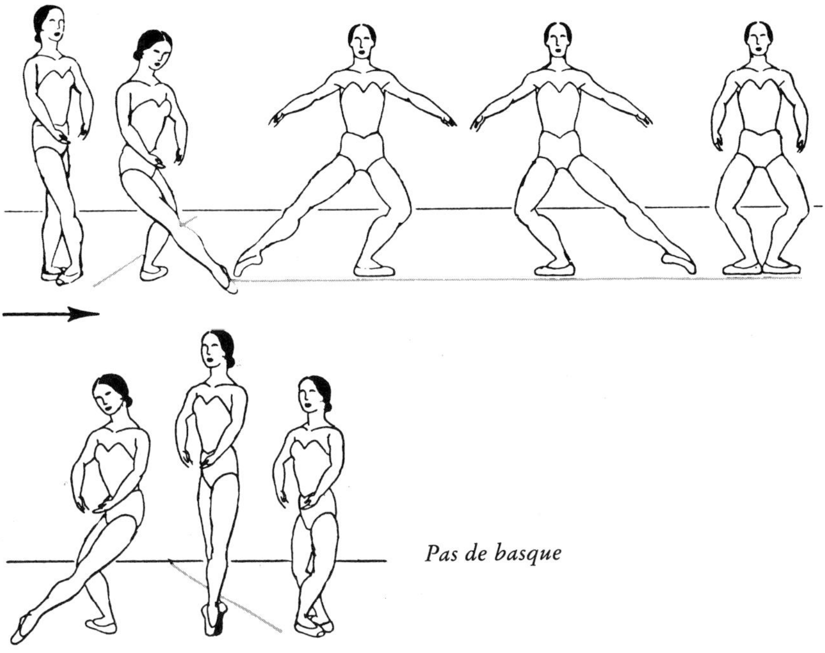

Pas de basque

Pas de bourrée: Ein vom bourrée abgeleiteter typischer Wechselschritt, der in vielfältigen Formen Eingang in dem klassischen Tanz gefunden hat.

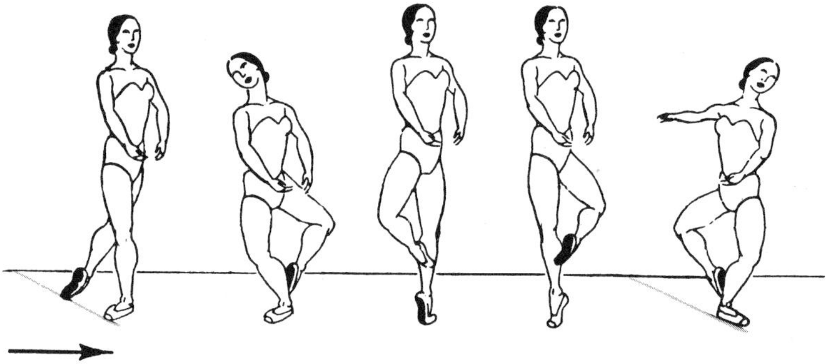

Pas de bourrée en dehors (mit Wechsel der Füße)

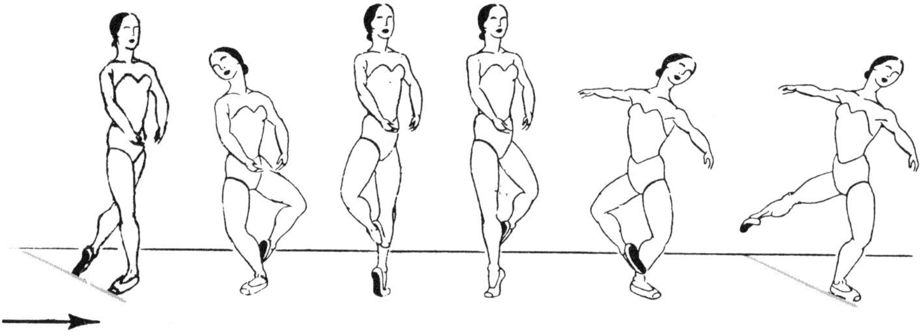

Pas de bourrée (ohne Wechsel der Füße)

Pas de chat: Katzenschritt, katzenartig. Ein Sprungschritt mit weicher Bewegungsführung. Als Beipiel ein italienischer pas de chat (der pas de chat der französischen und auch der russischen Schule weisen größere Abweichungen auf). stehe in 5. Position, demi-plié und das rechte Bein hinten; springe vom Boden, während das rechte Bein sofort in passé geführt wird und unmittelbar darauf auch das linke Bein zum passé kommt. Die Ausführung des passé erfolgt noch während des Sprunges. Komme mit dem rechten Bein am Boden auf und schließe sogleich das linke Bein vor dem rechten in 5. Position.

Pas de ciseaux: »Scherenschritt«. Ein hoher Sprungschritt, bei dem beide Beine scherenartig aneinander vorbeigeführt werden.

Pas ciseaux

Pas marché: »Marsch-Schritt«. Bewegungsablauf, bei dem die Betonung wie im Schritt der Polonaise auf dem ersten développé erfolgt.

Passé: (*franz.* passiert, nach Ablauf ...). Der Ausdruck findet üblicherweise Anwendung für das Vorbeiführen eines Beines am anderen in eine neue Position.

Pas tombé: (*franz.* fallen, niedergehen). Diese Bezeichnung findet allgemein Anwendung für das Niedergehen oder -fallen des Körpers oder Fußes, z.B. als Schrittfolge in einer Richtung, bei der von einem Fuß auf den anderen »gefallen« wird.

Petit: (*franz.*) klein, kurz, ein wenig.

Pirouette: (*franz.* Drehrädchen). Eine schnelle Drehung des Körpers mit dem Standbein in relevé, während das Spielbein meist in passé-Position ist.

Pas tombé

Pivot: Eine Drehung auf einem Bein oder eine Promenade.

Plié: Kniebeuge. Demi oder grand: das Beugen bzw. Biegen der Knie, die entweder ausgedreht oder – wie meist im Charaktertanz – eingedreht und seitlich leicht geöffnet sind.

I. Position, II. Position, III. Position, IV. Position, V. Position

Demi-plié in allen Positionen

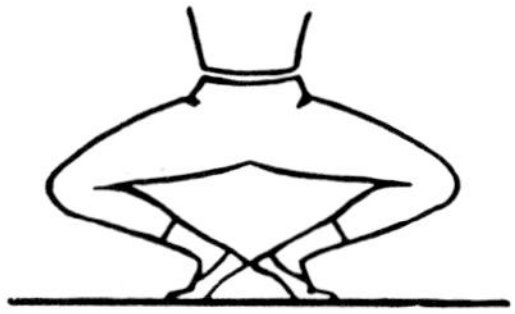

Grand plié in der 1. Position

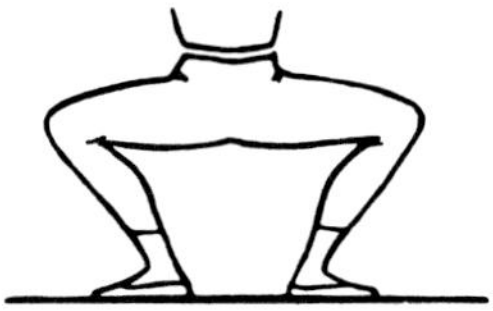

Grand plié in der 2. Position

Point tendu: gestreckt, aufgesetzt, zeigend, hinweisend, z.B. im »battement point tendu«, wo mit dieser Bezeichnung ausgedrückt wird, daß das Spielbein gestreckt und der am Boden aufgesetzte Fuß ebenfalls gestreckt ist.

Port de bras: Bezeichnung für die Haltung und Bewegung der Arme in verschiedenen Positionen und Richtungen, z.B.:

Port de bras 1

Port des bras 2

Relevé: Gehoben. Das Anheben, Aufheben des Körpers, der Beine, der Füße auf 1/2 oder ganze Spitze.

Retiré: (*franz.* zurückgezogen). Eine Positionsbezeichnung, bei der das Spielbein angehoben und die Zehen das Knie des Standbeines seitlich berühren.

Rond de jambe à terre, par terre oder **en l'air:** Die kreisende Bewegung des Spielbeines am Boden oder in der Luft.

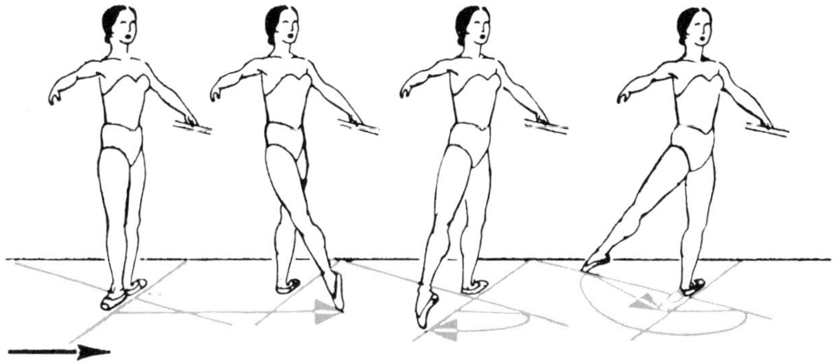

Rond de jambe par terre

Rond de jambe en l'air

Sauté: gesprungen, ein Sprung.
Seconde, à la: zur Seite, seitlich. Bezeichnung für eine Bewegung der Arme oder Beine zur Seite des Körpers.
Soutenu: in der Bewegung verzögert, angehalten innerhalb der Drehung:

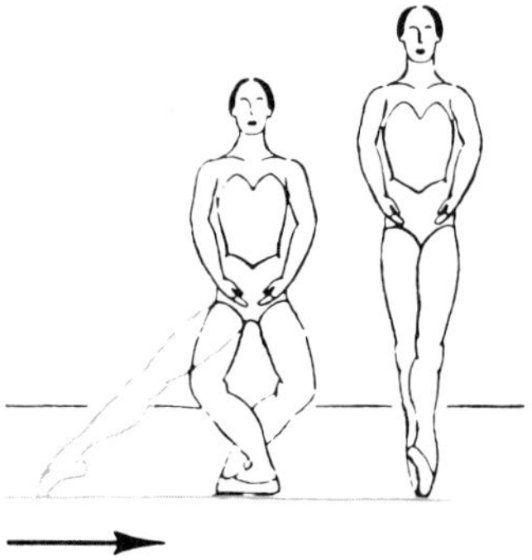

Assemblé soutenu

Temps: Zeit, Schritt, eine Bewegung.
Terre, à: (auch par terre) am Boden.

BIBLIOGRAPHIE

Beaumont, Cyril W.: Dictionary of Technical Dance Terms, London 1968
Buday, G.: Dances from Hungary
Galanti, Bianca: Dances from Italy, London 1950
Grant, Gail: Technical Manual and Dictionary of Classical Ballett, New York 1967
Jankovic, L. und D.: Dances from Yugoslavia, London 1952
Kachenko, T.: Soviet Dances, 1954
Lubinova, Mila: Dances from Czechoslovakia, London 1949
Sorell, Walter: The Dances through the Ages, New York 1967
Sparger, Celia: Anatomy and Ballett, London 1949
Wolska, Helen: Dances from Poland, London 1952

SZENENFOTOS

Anmerkung:
Die **fett** gedruckte Ziffer weist auf die laufende Nummer in den Tanzbeschreibungen hin; die folgende, *schräg* gestellte Seitenzahl verweist auf die entsprechende Textstelle.

Ballett und Tanz

erschienen im
Heinrichshofen's Verlag

Klassischer Tanz

György Lörinc
Methodik des klassischen Tanzes
5. Auflage 1981, 724 Seiten mit 762 Zeichnungen in 153 Darstellungen, Format 15 x 21,5 cm, Ganzleinen
ISBN 3-7959-0051-4

Ein bewährtes Standardwerk der Ballettliteratur, das seit Jahren für eine große Zahl von Ballettpädagogen unentbehrlich ist. Der Stoff ist in neun Jahrgänge gegliedert. Jede Bewegung, Stellung oder Haltung des Körpers wird mit den Mitteln der Alltagssprache, einigen geläufigen Fachausdrücken und vielen Zeichnungen anschaulich erklärt. Der wichtigste Gesichtspunkt für den Aufbau des Unterrichts ist, daß die Übungen stufenweise erschwert werden, bis ihre Endform beherrscht wird.

György Lörinc
Methodik des klassischen Pas de deux
1984, 216 Seiten mit 123 Zeichnungen von G. Pásztor, Format 15 x 21,5 cm, Ganzleinen
ISBN 3-7959-0434-X

Nach dem großen Erfolg der vom gleichen Verfasser in 5. Auflage erschienenen »Methodik des klassischen Tanzes« können wir nun den Wünschen zahlreicher Pädagogen und Eleven nach einem Lehrbuch im Spezialfach »Pas de deux« entsprechen. Die auf eine dreijährige Ausbildungszeit konzipierte »Methodik des Pas de deux«, erarbeitet von einem Pädagogenkollektiv des ungarischen Staatlichen Ballettinstituts Budapest unter Leitung von György Lörinc, ist das Ergebnis langjähriger praktischer Erprobung und führt die jungen Tänzer von den Par-terre-Übungen zum bühnenreifen Vortrag. Die Gliederung des Stoffs und die Beschreibung der Übungen basieren auf dem gleichen System, das sich in der »Methodik des klassischen Tanzes« bewährt hat. 123 Abbildungen, gezeichnet von Gábor Pásztor, verdeutlichen Bewegungsabläufe sowie Arten der Fassung und der Körperhaltung und ergänzen wirkungsvoll die knappe und dennoch anschauliche Darlegung der Übungsphasen.

Nikolai I. Tarassow
Klassischer Tanz –
Die Schule des Tänzers
Herausgegeben von Werner Gommlich und Martin Puttke-Voß
2. Auflage 1978, 528 Seiten mit zahlreichen graphischen Darstellungen und 18 Bildtafeln, Format 15 x 22 cm, Ganzleinen
ISBN 3-7959-0187-1

Der Autor ist als Tanzpädagoge bekannt. Das vorliegende Lehrwerk ist das Ergebnis einer langen und erfolgreichen Tätigkeit im Ballettschaffen. In diesem Buch spiegeln sich nicht nur die Erfahrungen eines großen Pädagogen, sondern auch der ganze Reichtum und die ästhetische Schönheit des klassischen Tanzes wider. In bisher unerreichter Qualität behandelt der Autor alle Belange der Tänzerausbildung.

Agrippina J. Waganowa
Die Grundlagen
des klassischen Tanzes
7. Auflage 1984, 184 Seiten mit zahlreichen, teils zweifarbigen Abbildungen, Format 15 x 21,5 cm, Ganzleinen
ISBN 3-7959-0236-3

Jeder, der die »Grundlagen des klassischen Tanzes« liest und studiert, muß sich der Bedeutung der Ballettkunst bewußt werden und der Autorin unendlich dankbar sein für die einfühlsame, gründliche und meisterhafte Deutung der Natur des klassischen Balletts, das hier seine authentische und wissenschaftlich begründete Interpretation gefunden hat.

Modern Dance Jazz Dance

Rudolf von Laban
Der moderne Ausdruckstanz in der Erziehung
Eine Einführung in die kreative tänzerische Bewegung als Mittel zur Entfaltung der Persönlichkeit. Unter Mitarbeit von Lisa Ullmann. Aus dem Englischen übertragen von Karin Vial.
2. Auflage 1984, 160 Seiten mit zahlreichen Zeichnungen, Format 15 x 21,5 cm, Ganzleinen
ISBN 3-7959-0320-3

Rudolf von Laban (1979–1958), Tänzer, Choreograph und Pionier der modernen Bewegungsforschung, eröffnete der Tanzkunst und dem Verständnis menschlicher Bewegung völlig neue Wege. Bedeutende Tanzkünstler wie Mary Wigman und Kurt Jooss waren seine Schüler. In diesem Buch vermittelt Laban Einsichten in die zeitlosen und allgemeingültigen Aspekte tänzerischer Bewegung. Er gibt die praktischen Grundlagen für eine »Erziehung durch Tanz« und eine freie Tanztechnik, ohne dabei den Tanz in seinen historischen und kulturellen Zusammenhängen außer acht zu lassen.

Werner Jakob Stüber
Geschichte des Modern Dance
Zur Selbsterfahrung und Körperaneignung im modernen Tanztheater
1984, 328 Seiten mit 41 Abbildungen, Format 15 x 21,5 cm, Ganzleinen
ISBN 3-7959-0370-X

Die vorliegende Arbeit behandelt die wichtigsten Gestalten und Entwicklungsphasen des Modern Dance in den USA von den Anfängen um die Jahrhundertwende bis in die frühen sechziger Jahre hinein, wo die gegenwärtigen Tendenzen im Modern Dance ihre Wurzeln haben.

Fred Traguth
Modern Jazz Dance
Einblick und Methodik – Für Amateure und Professionals
4. Auflage, 1985, 220 Seiten mit zahlreichen Abbildungen, Format 17 x 24 cm, kartoniert
ISBN 3-7959-0444-7

Der vorliegende Band will dem akuten Mangel an fachgerechter, praxisorientierter Information Abhilfe schaffen. Er soll den an Bewegung und Tanz interessierten Amateur und Profi auf seiner Suche nach neuen Formen unterstützen und ihm eine Anleitung und Einstiegschance in den komplexen Bereich des Jazz Dance vermitteln helfen.

Doris Humphrey
Die Kunst, Tänze zu machen
Zur Choreographie des modernen Tanzes. Aus dem Amerikanischen übertragen von Karin Vial
1985, 260 Seiten mit 4 Bildtafeln, Format 15 x 21,5 cm, Ganzleinen
ISBN 3-7959-0415-3

Das erste Standardwerk zur Choreographie des modernen Tanzes. Die Autorin, eine der großen Persönlichkeiten der Tanzwelt unseres Jahrhunderts, schöpfte aus ihrer jahrzehntelangen Erfahrung mit Tänzern und Bühnentanz. Sie gibt dem modernen Tänzer und Choreographen mit diesem unentbehrlichen Leitfaden das handwerkliche Rüstzeug für sein Schaffen, zeigt Bezüge auf zwischen Tanz und Literatur, Malerei, Architektur und vermittelt so auch dem kunstinteressierten Laien Einsichten in den choreographischen Schaffensprozeß.

Helmut Günther
Jazz Dance
Geschichte, Theorie, Praxis
3. Auflage 1984, 252 Seiten, zahlreiche Zeichnungen und Notenbeispiele, Format 15 x 21,5 cm, Ganzleinen
ISBN 3-7959-0310-6

Das Buch stellt einen umfassenden Überblick über die Jazz-Technik dar; dadurch ist ein Werk entstanden, das für Ballettschulen, Berufsensembles, Laientanzgruppen und auch für die Praxis des Unterhaltungstanzes ein unentbehrliches Lehrmaterial bereitstellt.

TANZ
FOLKLORE

Renato Berger
African Dance
Afrikanischer Tanz in Vergangenheit und Zukunft
Ursprung und Diaspora:
Afrika, Brasilien, Karibik, USA
1984, 224 Seiten mit 196 Abbildungen, davon 24 in Farbe, Format 19,5 x 22,5 cm, Ganzleinen
ISBN 3-7959-0386-6

Zum ersten Mal wird in deutscher Sprache in diesem Buch der afrikanische Tanz einschließlich seiner Sonderformen in der Karibik und in Teilen von Südamerika umfassend dargestellt und erläutert. Umfangreiches Bildmaterial, das zum größten Teil erstmals in der Öffentlichkeit vorgestellt wird, bietet zusätzliche Informationen über die vielfältigen Erscheinungsformen afrikanischer Tänze. Besonders wichtig ist auch ein ausführliches Kapitel über die Tanztechnik und die Pädagogik des afrikanischen Tanzes.

Helmut Günther
Die Tänze und Riten der Afro-Amerikaner
Vom Kongo bis Samba und Soul
1983, 240 Seiten mit zahlreichen Abbildungen, Format 19,2 x 24,7 cm, kartoniert
ISBN 3-7959-0445-5

Mit diesem Werk wird erstmalig eine umfassende Darstellung der afro-amerikanischen Tanzkultur von ganz Amerika vorgelegt. Der weitgespannte Bogen der Quellen und Erläuterungen führt von den religiös-ekstatischen Tänzen Afrikas über den Jazz Dance, Rock- und Soultänze bis zu den Disco- und Salsatänzen der Gegenwart.

Eberhard Rebling
Die Tanzkunst Indiens
1982, 264 Seiten Text und 104 Bildtafeln mit 153 Abbildungen, davon 20 vierfarbig, Format 19,5 x 22,5 cm, Ganzleinen
ISBN 3-7959-0348-3

Mit diesem Werk erscheint zum ersten Mal in deutscher Sprache eine umfassende Arbeit über den indischen Tanz. Das Buch bietet grundlegende Informationen über die Theorien und die Entstehung der Tanzkunst Indiens, und es erläutert auch anschaulich die technischen Grundlagen. Der Leser erhält einen Überblick über die Entwicklung des indischen Tanzes bis zur klassischen Blütezeit.

Jürgen Pagels
Charaktertanz
Grundlagen und Methodik
1985, 296 Seiten mit zahlreichen Zeichnungen, Notenbeispielen und etwa 150 Fotos, Format 15 x 21,5 cm, Ganzleinen
ISBN 3-7959-0363-7

Neu an diesem Buch ist die grundlegende Darstellung des wichtigen Ausbildungszweiges »Charakter-Nationaltanz« für Schüler, Pädagogen und Berufstänzer. Neben einer allgemeinen Einführung über die Geschichte und Bedeutung des Charaktertanzes enthält das Buch vor allem detaillierte Anleitungen für den Unterricht mit Schritten, Kombinationen und choreographisch angelegten Tänzen in Oper und Ballett. Ein grundlegendes Werk, das in jede Tanzbibliothek gehört.

Aenne Goldschmidt
Handbuch des deutschen Volkstanzes
Systematische Darstellung der gebräuchlichsten deutschen Volkstänze
5. Auflage 1985, Textband: 314 Seiten, Ganzleinen; Bildband: 68 Seiten, kartoniert; Notenband: 94 Seiten, kartoniert, Format 17 x 24 cm; zusammen in einem Schuber
ISBN 3-7959-0077-8

Dieses umfangreiche Handbuch ist mehr als ein Nachschlagewerk. Es ist Anleitung und Lehrbuch zugleich für die wichtigsten deutschen Volkstänze. Bild- und Notenmaterial bieten die Grundlage in Verbindung mit dem ausführlichen Text, die verschiedenen Tänze in der Praxis zu erarbeiten.

Bitte verlangen Sie unser ausführliches Verlagsverzeichnis.